KB096221

옷장 속의

세계사

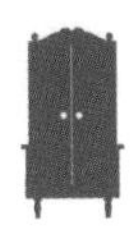

창비청소년문고 10

옷장 속의 세계사

이영숙 지음

창비
Changbi Publishers

옷장을 엽니다. 옷장 속에는 갖가지 색상과 감촉의 옷이 들어 있습니다. 아이들의 청바지며 점퍼, 가을이면 찾아 입는 트렌치코트, 벨벳 스카프……. 옷들을 한번 쓰다듬어 봅니다. 이 옷들에는 저와 제 가족의 일상과 추억이 고스란히 담겨 있거든요.

그런데 이 옷을 조금만 다른 시각으로 바라보면, 옷감마다 의복 종류마다 세계사의 이야기들이 숨어 있다는 걸 알 수 있습니다. 청바지에는 미국 서부 개척기의 역사가 배어 있고, 트렌치코트에는 제1차 세계 대전의 참혹한 역사가 담겨 있습니다. 비단은 동서양 문물을 교류하게 만든 중요한 옷감이지요. 이것 말고도 나일론 스타킹이나 비키니 수영복도 굉장한 역사적 사건과 관련이 있답니다.

그러고 보면 우리는 늘 뭔가를 입고 있잖아요? 지금 우리가 걸친 옷이 세계사의 여러 쟁점과 연결되어 있다는 사실을 알고 나면, 아마 옷을 대하는 눈길이 달라질 것 같습니다.

첫 번째 책 『식탁 위의 세계사』와 마찬가지로 이번에도 독자들이 일상에 녹아 있는 세계사를 발견하고 그 속에서 흥미를 느끼는 계기가 되기를 바라며 이 책을 썼습니다. 여러분에게 역사가 무턱대고 외워야 하는 공부가 아니라 우리 삶 가까이에서 접하는 재미있는 이야기로서 다가갈 수 있다면 좋겠습니다. 거기서 이런저런 생각거리를 더 찾아내거나 새로운 깨달음을 얻는다면 더할 나위 없이 기쁠 테고요.

이번 책에서도 신세 진 분들이 많습니다. 무엇보다 창비 출판사의 세심한 배려에 감사드리며, 손이 많이 가는 책을 맡아 수고해 주신 정소영 편집자에게도 고마움을 전합니다. 적절한 조언으로 책의 균형을 맞추고 완성도를 높이는 데 많은 도움을 받았습니다.

또 한 분, 제 어머니께도 사랑한다는 말씀을 드리고 싶습니다. 어린 시절 손수 재봉틀을 돌려 제게 하얀 리넨 원피스를 만들어 주셨던 어머니는 팔순을 앞둔 지금도 사십 대 후반의 딸에게 겉옷은 물론 속옷까지 살뜰히 챙겨 보내 주시곤 합니다. 그 사랑과 정성이 이 책을 쓰도록 저를 이끌었는지도 모르겠습니다. 두루 고맙습니다.

2013년 여름

이영숙

차례

KEEP
CALM

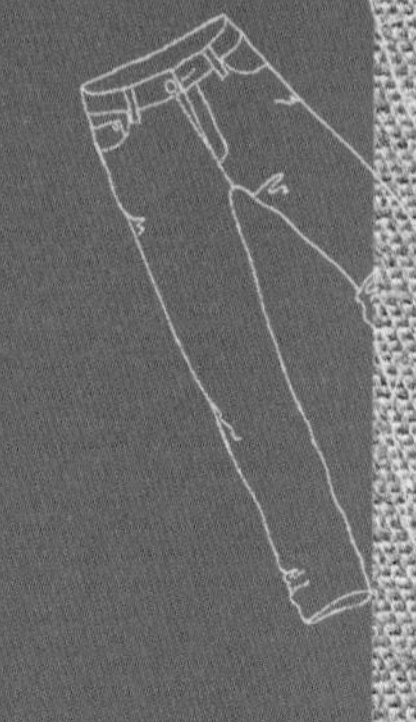

청바지

금광을 찾아서!
캘리포니아의 '골드러시'

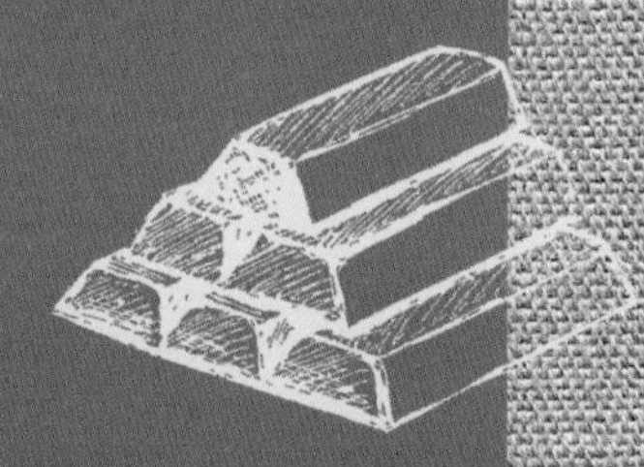

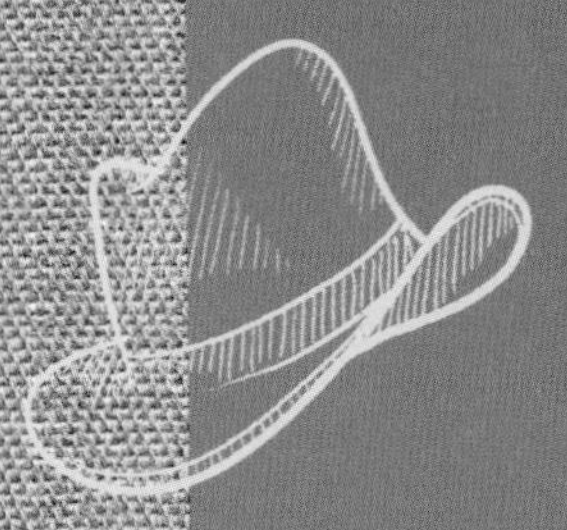

지금 옷장을 한번 열어 봐. 옷장 속에 누구나 한두 벌은 꼭 갖고 있는 옷이 있을 거야. 그래, 바로 청바지야. 오늘날 전 세계적으로 가장 흔하게, 가장 많이 입는 옷이 청바지 아닐까 싶어. 종류나 형태도 엄청나게 다양해져서 언제 어디서나 부담 없이 입는 옷이 되었지.

애플의 창업자 스티브 잡스가 생전에 늘 검은 터틀넥에다 '리바이스 501'이라는 청바지를 입고 발표한 것도 유명하잖아. 그런데 이 청바지가 원래는 작업복으로 만들어졌다는 거, 알고 있니? 맨 처음 청바지가 생겨난 때의 이야기를 들려줄까 해. 19세기 중엽, 미국 샌프란시스코로 가 보자. 청바지가 만들어지던 현장으로 말이야.

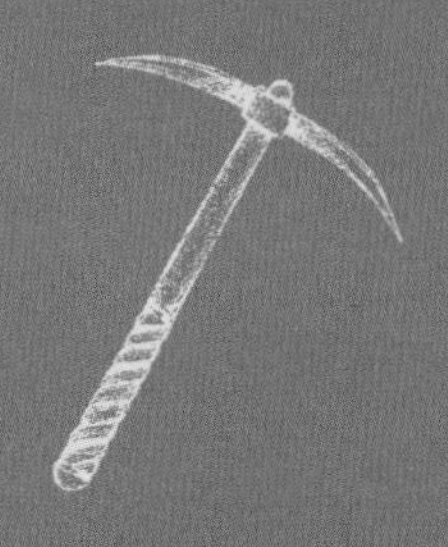

청바지란? 특별한 면직물 '데님'으로 만든 옷

우리는 청바지라는 이름으로 부르지만, 파란색이라고 다 청바지는 아니야. '데님(denim)'이라고 부르는 특정한 면직물로 만든 옷을 말하지. 목화솜에서 얻은 무명실을 두껍게 만들어서 질기고 해지지 않도록 '능직'이라는 특별한 방식으로 짜는 거란다. 하지만 요즘에는 면 말고도 나일론이나 폴리에스테르 같은 합성 섬유를 섞거나 잘 늘어날 수 있게 스판덱스를 넣는 등 다양한 소재를 더하는 경우가 많으니까 더 이상 면으로만 만든다고 할 수는 없게 되었어. 그래도 가장 기본이 되는 것은 튼튼하고 질긴 면직이지. 영어로는 청바지를 '진(jeans)'이라고 부르는데, 이 말은 이탈리아의 도시 제노바(Genova)에서 따온 거야. 이 지역에서 일찍부터 능직으로 짠 질긴 면직물이 만들어졌기 때문이라고 해. 데님이라는 말 역시 프랑스의 도시 님(Nîmes)에서 만든 직물이라는 뜻이고.

자, 그럼 청바지가 처음으로 만들어지던 19세기 미국으로 가 보

자. 1846년부터 2년 동안 미국 정부는 영토 문제를 둘러싸고 멕시코와 전쟁을 벌였어. 미국이 승리하면서 그 대가로 태평양 연안의 넓디넓은 영토를 소유하게 되었지. 멕시코 입장에서 보면 국토의 절반을 잃은 셈이지만 말이야. 캘리포니아라든가 뉴멕시코, 텍사스 같은 주들이 원래 멕시코 영토였다가 미국 땅이 된 곳이야.

캘리포니아에 거주하던 백인 인구는 1848년 초에 약 1만 5,000명이던 것이 2년이 채 못 되어 10만 명으로 크게 늘어났어.* 반면 캘리포니아에 원래 살고 있던 수 족, 샤이엔 족 같은 아메리카 원주민들은 1848년만 해도 15만 명 가까이 되었다가 1870년에 이르면 갑자기 3만 명에도 미치지 못할 만큼 급감해. 왜 이런 일들이 일어났을까? 단지 멕시코령에서 미국령으로 바뀌었기 때문은 아니야. 사람들을 움직인 건 황금이었어. 금을 향한 돌진, 이른바 '골드러시(gold rush)' 때문이었지.

생각해 보면 미국은 참 운도 좋아. 멕시코와 전쟁을 벌여 승리를 맛보고, 그 덕분에 넘겨받은 캘리포니아 땅에서 곧바로 금 섞인 모래, 사금이 발견되었으니 말이야. 멕시코 사람들은 얼마나 배가 아팠겠니? 또 원래 살던 사람들은 어떻게 되었을까? 찬찬히 살펴보자.

• 수잔 와이즈 바이어 『세계 역사 이야기 3』, 최수민 옮김, 꼬마이실 2004, 598면.

포티나이너스, '49년의 사람들'

1848년 1월 24일, 존 서터라는 스위스 출신 캘리포니아 정착자의 제재소에서 일하던 제임스 마셜이라는 일꾼이 새크라멘토 계곡 근처의 강물 속에서 노랗게 반짝이는 작은 돌멩이를 발견했어. 이게 뭘까 싶어 주워 들고 이리저리 살펴봤는데, 아무래도 금 같은 거야. 게다가 그런 알갱이가 주변에 몇 개나 더 있었지. 그는 이 사실을 주인 서터에게 알렸어. 서터는 황금을 발견한 사실을 비밀로 하고 싶었지만 하늘 아래 비밀은 없는 법! 황금이 있다는 소문은 일파만파로 퍼져 나갔지. 황금을 노리는 자들이 미국 전역에서, 그리고 다른 나라에서까지 득달같이 몰려들었어. 골드러시가 시작된 거야. 이듬해인 1849년에는 어찌나 사람들이 많이 몰려왔는지 그 수가 10만 명을 넘을 정도였대. 그래서 '포티나이너스(forty-niners)'라는 말까지 생겨났어. 1849년에 금광을 찾아 캘리포니아로 간 사람들이라는 뜻이지. '샌프란시스코 포티나이너스'라는 미국의 유명한 미식축구 팀 이름도 여기서 유래한 거야.

금을 캐기 위해 모인 사람들은 일단 적당한 땅을 골라서 나무 말뚝부터 박았대. 내 땅이다, 내 구역이다 하는 표시였지. 그러고는 그 옆에 텐트를 치거나 간단히 오두막을 만들었어. 이렇게 점점 사람들이 늘면서 새로운 마을과 도시들이 생겨났어. 식당과 술집이 생기고, 은행도 들어왔지. 교회와 학교도 세워졌어. 금광 개발로 인해 조용하던 지역들이 빠르게 성장한 거야.

황금이 발견된 캘리포니아 지역으로 가는 증기선 승객을 모집하는 광고 포스터.
1849년 3월 23일 뉴욕에서 출발하여 황금이 발견된 지역까지
가는 데 35일이 소요된다는 문구가 눈에 띈다.

물론 개척지의 삶은 거칠고 격렬했어. 별별 사람이 다 몰려들었지. 먹고살 길이 막연했던 사람들이 많았지만 때로는 큰돈을 벌 목적으로 교수나 기자 등 멀쩡한 직업을 때려치우고 온 사람들도 있었다고 해. 게다가 분필 가루나 물감 섞은 물을 만병통치약이라며 팔러 다니는 가짜 약장수부터 온갖 사기꾼과 도둑, 야바위꾼까지 뒤섞

여 있었거든. 싸움이 자주 일어나다 보니 보안관과 변호사가 필요해졌고, 술 마시고 싸우다 다치는 사람들이 속출하니 의사도 있어야 했지. 금과 땅과 재산을 둘러싼 싸움은 계속되었어. 그러면서 원래부터 그 지역에 살던 아메리카 원주민의 삶은 처참하게 파괴되었지.

그런 혼란과 희생을 딛고, 포티나이너스들은 황금으로 부자의 꿈을 이루었을까? 1848년에서 1854년 사이에 캘리포니아에서 생산된 금은 거의 3억 5,000만 달러어치였다는데, 오늘날로 환산하면 약 70억 달러의 가치에 해당한다고 해. 정말 많은 양이지. 하지만 전 세계에서 그토록 많은 사람들이 몰려들었던 까닭에 한 사람당 돌아간 몫은 그렇게까지 대단한 양은 아니었다는구나. 게다가 모두에게 골고루 행운이 돌아간 것도 아니었어. 누구는 황금 덩어리를 캤지만, 누구는 자잘한 금 부스러기를 주웠을 뿐이고, 또 다른 누군가는 여행 경비만 탕진한 채 빈털터리가 되기도 했지. 이 시기에 부자가 된 이들 중에는 황금을 캐던 사람보다 오히려 그들에게 일용품을 팔던 상인들이 더 많았다고 해. 워낙 많은 사람이 한꺼번에 몰려든 곳이라 수요가 많아서 온갖 물건이 비싸게 거래되었기 때문이야. 비스킷을 구워 팔거나 음료수를 팔던 사람, 혹은 금을 캘 때 필요한 장비를 팔던 사람이 오히려 이익을 얻었다는 거야. 이렇게 골드러시 때 틈새시장을 노려 부자가 된 이들 중 가장 유명한 사람이 바로 최초로 청바지를 만든 리바이 스트라우스(Levi Strauss)였어.

질기고 편한 작업 바지 '리바이스 진'

황금을 꿈꾸는 사람들이 너무 많이 몰려든 탓에 1848년의 샌프란시스코는 전 지역이 천막촌으로 변해 갔어. 사람들은 사금을 얻기 위해서 하루 종일 일해야 했지. 사금을 채취하는 일은 고달픈 노동이었거든. 넓적하고 얕은 그릇에 강바닥의 흙을 조금 퍼 담은 뒤 잔잔한 하류에서 그릇을 물에 넣고 앞뒤로 살살 흔들어. 그러면 상대적으로 가벼운 모래는 물에 씻겨 나가고 더 무거운 돌이나 금속 조각이 밑에 가라앉지. 운이 좋으면 그 가라앉은 조각들 가운데에서 반짝이는 사금을 얻을 수 있었어. 단순하지만 지루하고 힘겨운 노동이었지.

이렇게 흙을 퍼 담아서 쪼그려 앉은 채 내내 일하자면 튼튼하면서도 편안한 작업복이 필요했어. 주로 웅크려 앉는 자세이다 보니 허리춤이 헐거워져 자꾸만 추어올려야 했고, 조이고 당겨 불편한 곳투성이였어. 사람들에겐 편하면서도 튼튼하고 기능적인 옷이 간절했지.

리바이 스트라우스는 독일 출신 이민자로, 골드러시가 시작될 무렵 뉴욕에 살던 젊은이였어. 그는 1850년대에 서부 샌프란시스코를 돌아다니면서 튼튼한 천을 팔았지. 그는 이 천이 마차의 덮개로 쓰기에 아주 좋다고 홍보했어. 당시에 금을 캐기 위해 온 사람들이 정말 많았기 때문에 그의 갈색 캔버스 천은 꽤 많이 팔렸다는구나. 그러던 어느 날 군납 알선업자가 대형 천막 10만 개 분량의 천을 납품

강가에 쪼그리고 앉아 사금을 찾고 있는 포티나이너스. 1850년의 모습이다.

해 달라고 주문한 거야. 방대한 주문에 신이 난 스트라우스는 빚을 내어서 생산에 들어갔대. 밤낮으로 일해서 석 달 뒤 제품을 다 만들었는데 이를 어째, 군납 알선업자가 퇴짜를 놓은 거야. 목돈을 만질 기대로 부풀어 있던 스트라우스는 졸지에 빚 독촉에 시달리는 신세가 됐어. 실의에 빠진 그의 눈에 어느 날 찢어진 옷을 깁는 노동자들의 모습이 들어왔고, 그는 문득 '질긴 이 천으로 작업용 바지를 만들면 어떨까?' 하는 생각이 들었어. 그래서 납품용 천막 천으로 실용적이고 내구성이 강한 바지를 만들기 시작했지. 그 바지는 불티나게 팔렸고, 이로써 그의 사업은 전화위복의 기회를 얻었어.

리바이 스트라우스의 바지를 마음에 들어 하던 사금 채취업자들은 이 옷을 리바이스(Levi's)라고 줄여 불렀어. 그 이후 농부나 벌목공, 철도 공사를 하는 사람들과 카우보이들 사이에서 리바이스는 큰 인기를 모았지.•

일확천금의 기회를 노리는 사람들은 계속해서 금광으로 몰려들었어. 젊은이들을 자극하고 사기를 북돋우는 "젊은이여, 서부로 가라!"(Go West, young man!) 같은 구호가 널리 퍼지기도 했지. 수천만 명이 황금을 캐겠다는 희망을 안고 미국 대륙을 가로질러 서부로 갔어. 13개의 주로 시작된 미국이 짧은 기간에 서부까지 영토를 늘려 간 데는 샌프란시스코에서 발견된 황금의 힘이 매우 컸어. 끝없이 넓은 땅이 펼쳐져 있어 깃발을 꽂으면 곧 내 땅이 되는 곳, 새로운 기회의 땅으로 떠오른 서부는 이제 황금까지 더해져서 더할 나위 없이 매력적인 곳으로 비쳤지.

캘리포니아에서 금이 발견되었다는 소식은 전 세계로 퍼져 나갔기 때문에 다양한 국적의 사람들이 합류했어. 이 시기에 수천 명의 중국인들이 금광 노동자로 일하려고 미국으로 왔지. 배를 타고 태평양을 건너온 이 중국인 일꾼들은 금광 사업이 끝난 뒤에도 캘리포니아에 계속 머물렀어. 이것이 오늘날 차이나타운이라 불리는 중국인 공동체가 형성된 배경이야.

• 피에르 제르마 『만물의 유래사』, 김혜경 옮김, 하늘연못 2004, 152~53면.

1852년 캘리포니아 골드러시 당시 금을 채취하던 백인과 중국인들.

한편 1872년 미국 네바다 주 리노에는 러시아 태생으로 미국에 귀화한 제이콥 데이비스(Jacob Davis)라는 재봉사가 살고 있었어. 그의 고객들은 주머니가 자꾸 뜯어져 물건이 빠진다며 불평이 많았대. 데이비스는 바지의 주머니에다 대가리가 둥근 작은 못인 '리벳(rivet)'을 달아서 이 문제를 해결할 수 있지 않을까 하고 생각했어.

아이디어는 적중했고, 데이비스는 자신이 굉장한 것을 생각해 냈다는 걸 깨달았지. 하지만 그는 공장을 열 만한 돈이 없었어. 그래서 잘나가는 샌프란시스코의 어느 사업가에게 편지를 써서 동업을 요청했지. 그 사업가는 바로 리바이 스트라우스였단다.

제이콥 데이비스에게서 동업을 제안받던 당시 스트라우스도 자신의 사업을 좀 더 키울 방법을 찾던 중이었거든. 그들은 완벽한 파트

너가 됐어. 두 사람은 의기투합해서 미국 특허국에 리벳을 다는 공정에 대한 특허권을 요청했고, 1873년 특허가 인정되었지. 그러자 곧 스트라우스의 회사는 구리 리벳이 박힌 청바지를 만들어 팔기 시작했어. 햄프셔에서 가져온 데님을 사용했고, 이름은 '웨이스트 오버올(waist overalls)'이라고 붙였대. '오버올'이라고 하니까 좀 낯설게 느껴질지 모르겠네. 흔히 멜빵바지라고 부르는 옷이야.

바지가 흘러내리지 않도록 어깨끈을 달고, 등에는 조임 훅을 달았어. 이런저런 도구며 소소한 물품들을 잔뜩 넣어 다니는 바람에 쉽사리 뜯어지곤 했던 주머니에는 구리 리벳을 덧대고 삼중 박음질을 해서 튼튼하게 만들었지. 이 바지는 즉각 히트를 쳤단다. 밀려드는 주문을 감당하기 위해 공장을 두 개나 더 세워야 할 정도였어. 리바이 스트라우스와 제이콥 데이비스는 이것으로 전 세계의 패션을 바꾸었어. 청바지의 시대가 찾아온 거야.

자유와 저항의 패션 아이콘

청바지의 유래를 살펴보니 어때? 철저히 실용적으로 접근해서 개발한 옷이라는 걸 알겠지? 하지만 오늘날의 청바지는 그 시절과는 사뭇 달라졌어. 뻣뻣한 데님이 아니라 얇고 부드러운 천으로 만들기도 하고 갖가지 색상으로 염색하고 탈색하는 방법이 쓰이기도 하지. 일일이 수를 놓거나 실오라기를 뜯어내 모양을 낸 제품은 수백만 원을 호가하는 경우도 있으니, 더 이상 값싸고 편한 옷이라고 말하기도 힘들게 되었어.

리바이 스트라우스는 1902년 세상을 떠났는데, 평생을 독신으로 살았기에 조카들이 사업을 물려받았어. 그 이후 1920년 말에 만들어진 '리바이스 501'은 지금까지도 많은 사람이 입는 모델이 되었지.

하지만 청바지의 비약적인 흥행이 이루어진 것은 1950년대부터야. 말런 브랜도, 제임스 딘, 존 웨인 등 미국 할리우드의 배우들이 청바지를 입고 영화에 등장했거든. 그들의 모습이 어찌나 멋있던지, 청바지의 인기까지 덩달아 하늘에 닿을 듯이 치솟았어. 스물넷의 나이에 요절한 배우 제임스 딘의 예를 들어 볼까? 그는 단 세 편의 영화에 출연했지만 「에덴의 동쪽」 「이유 없는 반항」 같은 작품에서 세상의 관습에 타협하지 않는 반항아 역할을 맡아 단숨에 젊은이들의 우상으로 떠올랐어. 관객들은 고독과 우수를 머금은 그의 매력에 압도되었지. 이때부터 청바지는 '고단한 노동자의 작업복'이라는 칙칙한 이미지를 벗고 반항적인 젊음의 상징으로 떠오르게 돼.

이 시기에는 미국의 학교들에서 청바지 착용을 금지하는 일도 있었지만, 1957년 미국 내 청바지 생산은 내수용만으로 1억 5,000만 벌을 기록했어. 1967년에는 내수용 2억 벌, 수출용 1억 9,000만 벌이 만들어졌지. 1977년에는 미국 내 판매량만 3억 벌에 달했는데, 이것은 한 살배기 어린아이부터 아흔아홉 살 노인까지 미국인이라면 누구나 두 벌 이상의 청바지를 갖고 있었다는 뜻이라고 해. 어마어마하지?

청바지의 위력은 유럽 대륙까지 뒤흔들어 놓았어. 1950년대는 미

1956년 영화 「자이언트」에 청바지를 입고 등장한 제임스 딘. 영화와 마케팅에 힘입어 청바지는 패션계를 주름잡게 된다.

국과 소련이 팽팽히 맞섰던 냉전 시대야. 미국에서는 극도의 반공주의 열풍이 불고 있었고, 소련을 비롯한 공산주의 국가들도 사회 전반에 냉전의 논리가 퍼져 있었지. 소련에서는 청바지가 미국에서 유행하는 제품이라는 이유로 자본주의의 상징처럼 여겨져서 금기시되었어. 하지만 동유럽 사람들도 청바지를 입고 싶어 했지. 그래서 동독에서는 서독에 친척을 둔 사람들이 청바지를 입수해 왔대. 당시 청바지를 향한 사람들의 열망이 어찌나 심했던지, 소련에서는 '청바지 범죄'(jeans crimes)라는 신조어까지 만들어졌다고 해. 데님 옷을 구하려는 욕구에서 비롯된 위법 행위를 뜻했지.• 청바지는 그렇게 기능성과 실용성을 넘어 젊음과 자유, 저항의 패션 아이콘이 되어 전 세계로 퍼져 나갔어.

골드러시가 남긴 것

자, 이제 다시 골드러시 얘기로 돌아가 보자. 금을 향해 달려든 이 현상이 역사적으로 갖는 의미는 무엇일까? 제일 중요한 건 사람들이 미국 서부로 몰려갔다는 그 자체일 거야. 금은 마치 자석처럼 사람들을 서부로 끌어당겼어. 그 이전에는 동부에 집중되어 있던 백인 이주민들이 서부로 계속 옮겨 갔고, 캘리포니아의 경우 골드러시로 인해 인구가 급속도로 늘어 하나의 주(州)로서 연방에 가입할 자격

• 니얼 퍼거슨 『시빌라이제이션』, 구세희·김정희 옮김, 21세기북스 2011, 388~89면.

을 얻게 되었지.

서부로 가는 사람들에게는 길이 닦이지도 않은 곳을 마차로 내달리자니 힘든 여정이었겠지. 짐마차는 시시때때로 부서지거나 고장이 났어. 그렇게 험준한 로키 산맥을 넘어 3,000킬로미터가 넘는 거리를 달렸으니 어려움이 말도 못 했을 거야. 필요는 발명의 어머니라는 말, 들어 봤지? 많은 사람이 이동하고 물자를 이송하면서 철도나 우편 같은 기초가 되는 산업이 비약적으로 발전했어. 이것이 미국의 성장에 큰 역할을 했지. 경제적 측면에서 보자면 오히려 그런 발전이야말로 강에서 건져 올린 사금 조각보다 훨씬 더 큰 가치가 있다고 할 수 있을 거야.

그러나 골드러시 때문에 삶의 터전을 송두리째 잃어버린 사람들도 있어. 아메리카 원주민들 말이야. 대자연 속에서 조상 대대로 평화롭게 살던 원주민들로서는 유럽에서 이주해 온 백인들이 들이닥쳐 금을 찾는다, 철도를 놓는다 하며 자연을 훼손하고 '주인 없는 땅'을 '개척'하려 드는 것이 기막힌 일이었겠지. 특히 버펄로 사냥이 문제였어. 대평원을 가로지르는 철도가 놓이자, 평원에 사는 들소인 버펄로를 사냥하는 일이 엄청나게 늘었거든. 기차를 타고 원하는 곳에 내려서 사냥을 한 다음 죽은 버펄로는 다시 기차를 이용해 운반하는 식이었는데, 원주민들의 저항에도 불구하고 전문 사냥꾼들은 매일같이 대평원에 와서 수천 마리의 버펄로를 죽였어. 1866년에 서부군 주둔지를 시찰한 셰리든 소장은 플랫 강 이남의 버펄로가 1억 마리쯤 될 거라고 추정했어. 다른 장교들은 버펄로 떼가 길이 약 16킬로미터, 너비 약 80킬로미터의 대평원을 새까맣게 덮은 광경을 본 일도 있다고 했지. 하지만 1883년이 되자 남은 버펄로는 200마리에 불과했대. 그 많던 버펄로가 어째서 그렇게 순식간에 사라져 간 것일까? 그건 당시 버펄로 사냥이 마치 스포츠처럼 여겨졌기 때문이기도 하지만 역시 주된 이유는 돈벌이가 되었기 때문이야. 1860년대 후반부터 버펄로 전문 사냥꾼들은 대륙 횡단 철도 공사를 하는 인부들의 단백질 공급용으로 버펄로 고기를 팔기도 하고, 가죽을 벗겨서 아시아의 가죽 세공업자들에게 팔기도 했어. 1870년대에는 신발이나 옷은 물론 공장 기계를 돌리는 벨트도 버펄로 가죽으로 만들었기 때문에 수요가 많았거든.

또 어떤 사람들은 버펄로를 죽여 없애면 원주민 부족을 굴복시키기 쉬울 거라고도 생각했대. 버펄로에 전적으로 의지해 살던 원주민들이 더 이상 버펄로 고기를 먹을 수 없게 되면 농사를 지을지도 모르고, 또 갑작스러운 변화로 어려움에 처하면 미국 정부의 지원에 기댈 테니, 자연히 정부 말을 잘 들을 수밖에 없으리라 생각했던 거지. 그렇게 버펄로들은 무더기로 죽어 갔고, 그와 함께 원주민들도 고난을 당할 수밖에 없었어.

아메리카 원주민의 수난이 꼭 골드러시 때문에 생긴 것은 아니야. 그 전부터 미국 정부는 무력으로 원주민 부족들을 진압했고, 이에 대항해 원주민들도 싸움을 계속하고 있었거든. 특히 원주민 부족들을 미국의 영토 확장을 가로막는 위험한 야만인으로 취급했던 제7대 잭슨 대통령과 당시 미국 정부는 조상 대대로 살아온 땅에서 원주민들을 끌어내 미시시피 강 서쪽 불모지로 쫓아내자는 아이디어를 냈어. 1830년 '인디언 이주안'이 통과되었고 5년 후 실행에 옮겨져 '보호 구역'이라는 명목으로 별도의 거주지가 마련되었지. 그러니 아메리카 원주민들의 수난은 그 전부터 계속돼 왔던 것인데 골드러시로 인해 불에 기름을 부은 꼴이 되었다고 보아야겠지. 골드러시는 캘리포니아뿐 아니라 네바다, 애리조나, 몬태나 등에서도 일어났어. 오스트레일리아나 캐나다 같은 나라들에서도 있었고. 골드러시가 발생한 곳이면 원주민들은 어김없이 백인들의 강압에 의해 짐을 싸서 척박한 곳으로 이주해야 했어.

금이 발견되자 재앙이 닥쳤다

한 예로, 1874년에 사우스다코타 주의 블랙힐스라는 곳에서 금이 발견되었거든. 불행히도 그 금은 수(Sioux) 족이 지배하는 땅 안에 있었어. 금이 발견됐으면 행운이라 해야 할 텐데 '불행히도'라고 표현한 이유를 짐작하겠니? 백인들이 금에 대한 탐욕 때문에 수 족의 권리는 아랑곳하지 않았기 때문이야. 각지에서 금을 캐러 사람들이 몰려들자 폭력 사태가 일어났고, 정부는 수 족에게 인디언 보호 구역으로 떠나라는 명령을 내렸어. 원래 그 땅에서 살던 사람들을 척박한 땅으로 내몰면서 '보호' 운운했으니 원주민들이 얼마나 기가 막혔겠니? 수 족은 분개하여 그 명령에 따르기를 단호히 거부했지.

1876년, 조지 커스터 중령이 저항하는 수 족을 몰아내기 위해 한

무리의 군인들을 이끌고 들이닥쳤어. 6월 24일, 리틀빅혼이라는 강가에서 커스터 일행은 원주민들의 천막을 발견했지. 그들은 다음 날 즉각 공격하기로 결정했어. 그는 그 안에 적어도 2,000명의 원주민 전사가 있다는 걸 몰랐던 모양이야. '앉아 있는 황소'(Sitting Bull)라고 불리던 타탕카 이요타케와 '성난 말'(Crazy Horse)이라고 불리던 타슝케 윗코가 지도자였지. 이 전투에서 원주민 전사들에 의해 커스터 중령과 200명이 넘는 그의 부하들이 모두 죽었어. 이 리틀빅혼 싸움은 역사상 몇 되지 않는 원주민의 승리로 기록된 전투야.

왼쪽 사진은 '앉아 있는 황소'라 불리던 아메리카 원주민 전사 타탕카 이요타케의 모습이고 오른쪽은 '성난 말' 타슝케 윗코이다.

하지만 승리의 기쁨은 오래가지 않았어. 1890년, 사우스다코타의 운디드니(Wounded Knee)라는 곳에서 군대가 원주민들을 무참하게 학살하는 일이 벌어졌거든. 광란의 학살이 끝났을 때 부족민의 절반 이상이 죽거나 중상을 입었어. 153명이 죽은 것으로 알려졌지만 많은 부상자들이 도망가던 도중에 죽었으니 사망자는 더 많았지. 최종 집계를 보면 인디언 350명 중 300명 가까이가 목숨을 잃었다고 해.• 살아남은 수 족 사람들은 가족을 잃은 채 '보호 구역'으로 이주할 수밖에 없었지.

그 이후 타탕카 이요타케는 한동안 백인 사회에 동화해 살았어. '와일드 웨스트 쇼'라는 이름의 쇼에 출연하기도 하면서 말이야. 이 쇼는 원주민들을 볼거리로 전락시켰어. 원주민들이 미개한 생활을 하는 것으로 과장하는가 하면, 리틀빅혼 전투 장면을 백인의 승리로 결말을 바꾸어 재현하기도 했지. 버펄로 빌이라는 이 극단의 단장이 나타나 위기에 처한 조지 커스터 중령을 구한다는 내용이었어.

타탕카 이요타케는 부족의 지도자로서 후손을 남기고 살아남은 수 족 사람들을 돌보아야 할 책임이 있었기 때문에 이런 굴욕과 수모를 견뎠을 거야. 그런데 결국 그는 1890년 12월 15일, 아메리카 원주민 경찰이 쏜 총에 맞아 숨졌단다. 미국 정부에서는 이 사건을 아메리카 원주민 내부의 문제로 취급하고 말았지.

• 디 브라운 『나를 운디드니에 묻어 주오』, 최준석 옮김, 한겨레출판 2011, 585면.

유럽에서 건너온 백인들이 영토를 넓히고 세력을 확장할 때, 아메리카 원주민들은 대다수가 멸족될 정도로 처참하게 희생당했어. 원주민의 눈물과 맞바꾼 확장이고 발전이었지. 미국의 발전을 생각할 때 흑인 노예와 더불어 아메리카 원주민의 희생이 컸다는 사실도 잊지 말아야 할 거야.

비단

실크 로드와
마르코 폴로의 『동방견문록』

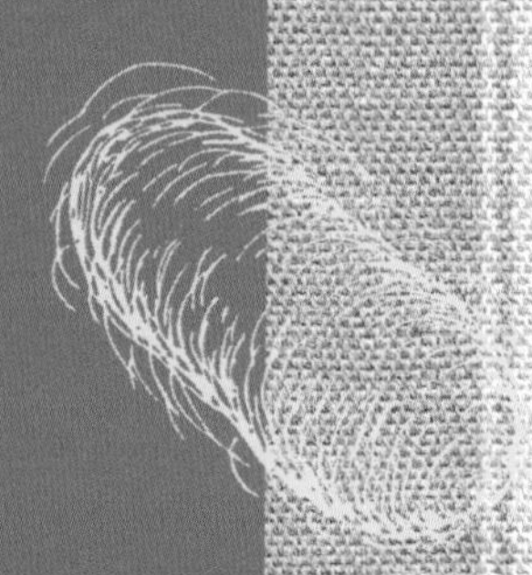

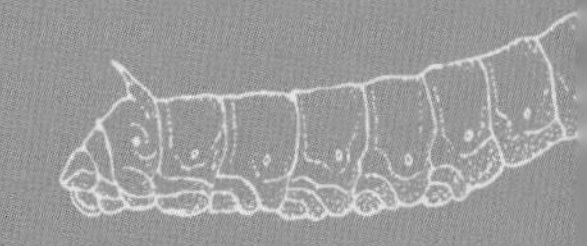

엄마의 옷장 속 제일 깊은 곳에는 종이 상자에 담긴 채 잠들어 있는 옷이 있어. 뭔지 한번 맞혀 볼래? 바로 오래전 결혼할 때 장만한 비단 한복이야. 그때는 정말 큰맘 먹고 맞췄는데, 지금까지 입은 횟수를 꼽아 보면 다섯 번이나 될까? 이제는 유행도 한참 지나서 더 입기 어려워졌지만, 추억이 있으니 차마 버리지도 못하고 옷장 속에서 자리만 차지하고 있지. 비단은 일상적으로 입는 옷감은 아니지만 특유의 감촉과 광택 때문에 특별한 날에 입으면 그야말로 빛을 발하는 것 같아. 그래서 옛날부터 동서양의 귀족들이 비단을 참 좋아했지. 얼마나 이 옷감이 갖고 싶었으면 유라시아 대륙을 관통하는 머나먼 길이 다 생겼겠니? 비단길, 실크 로드 말이야.

비단이 만들어지기까지

비단은 예나 지금이나 비싼 옷감이지. 비단 만드는 과정을 알고 나면 왜 그런지 이해가 될 거야. 누에고치에서 비단실을 자아낸다는 건 알지? 누에나방의 암컷들은 수백 개의 알을 낳는데, 그것들이 부화되면 애벌레가 되지. 이게 바로 누에야. 누에는 맹렬한 기세로 뽕나무의 잎을 갉아 먹어. 엄마는 어렸을 때 누에가 뽕잎을 먹는 걸 본 적이 있는데, 와사삭거리며 먹는 소리 때문에 마치 소나기가 내리는 것 같더라니까. 그렇게 열심히 먹어 대니 자라는 속도도 엄청나겠지? 이삼일에 한 번씩 허물을 벗을 정도로 쑥쑥 자란 누에는 허물을 네 번 벗고 나면 번데기가 될 준비를 해. 입에서 실을 토해 내어 제 몸을 보호하는 고치를 만들기 시작하지. 누에고치 안의 번데기는 별 탈 없이 시간이 흐른다면 나방이 되어 고치를 뚫고 날아오를 테지만, 상품 가치가 있는 비단을 만들려면 그 전에 열을 가해서 번데기를 죽게 하고 고치만 남겨야 해. 그러기 위해 끓는 물에 담가 끈적한

분비물을 녹여 내고 고치에서 깨끗한 실을 풀어내는 거야. 그 뒤에 염색을 하고 직물로 짜면 비단 옷감이 돼. 어때, 좀 복잡하지? 이렇게 복잡한 과정을 거치는 데다 상대적으로 희귀한 재료로 만들다 보니 값도 비싼 거야.

그런데 비단이 종이보다도 먼저 만들어졌다는 거 알아? 종이가 발명되기 전에는 비단 위에다 글도 쓰고 그림도 그렸지. 물론 부유한 귀족들에게 국한된 일이었지만 말이야. 그러니까 비단의 쓸모는 옷을 해 입기 위해서만이 아니었다는 것도 기억해 두렴. 종이 역할은 물론이고 화폐를 대신하는 수단이 되기도 했으니까.

비단을 처음으로 만든 나라는 고대 중국으로 알려져 있어. 무려 신석기 시대 말부터 야생 누에에서 실을 뽑아 비단을 만들기 시작했을 거라고 추정되고, 주나라 때는 누에를 길러 비단을 만드는 기술이 이미 상당히 발전해 있었을 거라고 짐작하고 있거든. 중국의 시가 모음집이자 유교 경전의 하나인 『시경』을 보면 "뽕 따는 이들이 한가롭네. 나도 그대와 함께 전원으로 돌아가리라."라는 글이 있는데, 이걸 보고 주나라 때는 이미 누에를 기르기 위해 뽕나무를 심는 일이 보편적이었으리라 짐작하는 거야.

동서 문명을 연결한 대단한 인기

그렇게 중국에서 오래전부터 만들어진 비단은 '비단길'이라는 말이 생겨날 정도로 아시아와 유럽을 이어 주는 중요한 역할을 맡게 돼. 사실 비단길이라는 말은 옛날부터 있었던 게 아니라 19세기 말에 처음 생겼어. 리히트호펜이라는 독일의 지리학자가 중국을 답사하면서 처음으로 중국과 인도 등을 잇는 교역로를 발견하고 비단길이라고 이름을 붙였거든. '자이덴슈트라세(Seidenstraße)'라는 독일어가 영어로 번역되면서 '실크 로드'로 굳어진 거고.

실크 로드를 따라 오고 간 물건은 비단 말고도 많아. 오랜 세월 동안 이 길을 따라 사향이나 감초 같은 값비싼 향료, 터키석이나 옥 같은 보석, 도자기, 종이 등등 귀한 물건들이 오갔지. 하지만 어쨌든 실크 로드의 주된 교역품은 비단이었어. '비단이 곧 중국'이라고 할 정도로 대단한 인기를 끌었지.

참, 비단길은 고속도로처럼 하나의 쭉 뻗은 큰길이 아니라 여러 갈래의 길을 통틀어서 부르는 말이란다. 수많은 갈래의 길은 크게 세 종류로 나뉘어. 사막을 가로지르는 오아시스 길, 말을 타고 이동하던 초원길, 그리고 지중해에서 중국의 남해까지, 넓게는 태평양 건너 아메리카까지를 잇는 바닷길, 이렇게 세 가지로 말이야.

실크 로드가 만들어지는 역사의 한 장면 가운데, 중국 한나라 때의 외교관 장건 이야기를 빼놓을 수 없어. 기원전 139년에 한나라의 일곱 번째 황제인 무제는 중앙아시아에 자리하고 있던 대월지(大月氏)라는 나라에 장건을 사신으로 파견했어. 대월지와 동맹을 맺어 흉노를 동시에 공격하겠다는 계획이었지. 그런데 이를 어째, 장건이 도중에 흉노족에게 잡혀 그곳에서 10년이나 머무르게 되었지 뭐니? 그동안 결혼까지 하고 살았지만 황제가 내린 임무를 잊지 못한 그는

7세기에 그려진 벽화 「장건 서역 출사도」. 아래쪽에 한나라의 황제 무제가 말 위에서 장건을 향해 손을 들고 있고, 장건은 왼쪽 아래에서 무릎을 꿇고 있다.

마침내 탈출에 성공해서 목적지인 대월지에 도착했어. 하지만 세월이 흘렀으니 상황은 많이 달라져 있었지. 결국 동맹을 맺으려던 계획은 성공하지 못했고, 우여곡절 끝에 떠난 지 13년 만에야 그는 한

나라로 돌아왔어. 원래의 목적을 생각하면 실패였지만, 그렇다고 헛수고는 아니었어. 그렇게 고생고생하며 오가는 사이에 장건은 서쪽 지역의 나라들에 대해 많은 정보를 알게 되어서, 한나라라는 대국이 서아시아로 시야를 넓히는 데 큰 역할을 했거든.

로마인도 반했다!

장건이 개척한 실크 로드는 로마까지 연결되기에 이르렀어. 그래서 한나라의 비단이 대대적으로 로마에 들어가게 되었지. 흉노라든가 대월지의 상인들은 한나라에서 얻은 비단을 서방에 갖다 팔았는데, 중간에서 많은 이익을 남길 수 있었어. 이런 것을 '중계 무역'이라고 부르지.

로마에서는 비단의 인기가 정말 높았다고 해. 카이사르 장군은 극장에 갈 때면 비단옷을 입어서 사람들의 이목을 끌었는데, 카이사르가 비단옷을 입자 로마의 귀족들이 앞다투어 따라 입으려고 했대. 갈수록 비단을 원하는 사람이 많아지자, 훗날 티베리우스 황제는 남자들이 비단옷을 입지 못하도록 했다지 뭐야. 그랬는데도 오히려 비단의 수요는 더 늘었다나. 결국 1세기 무렵에는 로마에 비단을 가공하는 공장이 지어질 정도였대.

그 당시에 멀고 먼 로마에서 비단이 이렇게나 큰 인기를 끌었다는 사실은 참 믿기 어려워. 엄마도 이렇게 찾아보고 공부하기 전까지는 몰랐거든. 아마 지금 우리가 입고 있는 옷차림이 서양식이라서 서양 사람들이 중국의 옷감에 열광했다는 게 낯설게 느껴지는지도 몰라. 이탈리아제 가죽 제품이나 런던에서 만든 꽃무늬 원피스라고 하면 값이 비싸도 으레 좋겠거니 수긍하면서도 말이야. 역사를 배우다 보면 이렇게 현재의 시선만으로는 헤아릴 수 없는 것까지 깨달으면서 좀 더 균형 잡힌 시각을 갖추게 되는 좋은 점이 있는 것 같아.

지팡이 속에 몰래 넣어 온 누에 종자

다시 비단 이야기로 돌아가 보자. 로마의 비단 열풍은 식을 줄을 몰랐대. 비단은 금값에 맞먹을 정도로 비싼 사치품이었기 때문에, 나중에는 로마 재정이 흔들릴 지경이었다고 해. 그러니 로마 사람들도 당연히 비단을 수입하지 않고 직접 만들 궁리를 하지 않았겠니? 그런데 비단을 만드는 방법을 알아내는 데는 많은 노력이 뒤따라야 했어. 중계 무역을 하던 파르티아에서 비단의 제조법이 유출되지 않도록 통제했거든. 비단 유통을 독점한 덕분에 막대한 이윤을 얻고 있었으니까 그들로서는 당연한 일이었지. 로마가 한나라에 사신을 보내서 직접 무역을 해 보려고 한 적도 있었는데 파르티아의 방해를 받아서 실패했고, 반대로 한나라의 사신 일행이 바닷길을 개척하려고 할 때에도 파르티아의 뱃사람들이 "뱃길이 험해 조난당하는 경우가 많습니다." 하며 겁을 주는 바람에 포기했다고 해.

하지만 영원한 비밀은 없는 법, 결국에는 로마에서 비단을 만들어 내게 되었어. 6세기 중반, 유스티니아누스 1세 때 '세린다'라는 나라에 몇 년 동안 체류하던 로마의 신부들이 속이 빈 지팡이 속에 누에 알을 몰래 넣어서 로마에 들여왔거든. 이렇게 로마가 스스로 비단을 만들 수 있게 된 것은 비단이 전해진 때로부터 600년이라는 세월이 지나서였어. '세린다'가 어디에 있는 곳인지 정확히 짚어 내기는 어렵지만, 오늘날의 인도 어디쯤으로 추정된다고 해.

그런데 한 가지 의문이 들어. 비단은 원래 중국에서 만들었다면서 왜 인도 쪽에서 밀반입했다는 걸까? 그건 그러니까, 당시 인도에서는 비단을 만들 줄 알았다는 뜻 아니겠니?

현장이라는 중국의 승려가 쓴 『대당서역기』라는 책에 재미있는 이야기가 나와. 지금의 신장웨이우얼 자치구에 속하는 허톈 지역, 옛날 이름으로는 우기라는 나라에 비단 제조법이 전파된 것에 관한 얘기야. 중국에서는 비단 생산법이 나라 밖으로 유출되는 것을 염려해서 엄하게 단속하고 있었어. 그러자 우기에서는 꾀를 내어 중국 황실에 구혼을 했대. 그러고는 우기로 시집을 오게 된 중국 공주에게 우기의 사신이 "이곳에는 비단이 없으니 가져와서 지어 입으십시오."라고 한 거야. 그래서 공주는 뽕과 누에 종자를 모자 속에 감추었지. 나라를 떠날 때 검색을 당했지만 공주의 모자 속까지 살펴보지는 않은 덕에 무사히 우기에 누에를 가져올 수 있었어. 우기의 왕비가 된 중국 공주 덕분에 그 나라 사람들은 비단옷을 지어 입을 수 있게 되었다는 이야기야.

이건 허무맹랑한 전설이 아니라 어떠한 계기로든 이 지역에 비단 제조법이 전파되었음을 나타내는 일화야. 실제로 허톈 지역에서는

나무 판자에 그려진 「견왕녀도(絹王女圖)」. 비단 제조법 전파에 관한 내용이 그려져 있다.

전설 속의 왕비가 누에 종자를 가져오는 장면을 형상화한 그림이 발견되기도 했어. 「견왕녀도」라고 이름 붙은 이 그림을 한번 보렴. 왼쪽의 시녀로 보이는 사람이 팔을 뻗어 왕녀의 모자 쪽을 가리키고 있지? 비단의 제조 방법이 전해진 것은 이렇게 그림으로 남길 만큼 당시로서는 큰 사건이었던가 봐.

누에 종자를 모자에 숨겨 온 공주에, 지팡이에 넣어 밀반입한 신부에, 고려 말기 문익점이 붓두껍 속에 목화 씨앗을 숨겨 왔다는 이야기와 닮았지? 이것들은 전해지는 이야기니까 실제로 붓두껍에 숨겨 오지 않았을 수도 있고, 왕비가 모자 속에 누에를 감추어 왔다는 건 사실이 아닐 수도 있어. 여기서 중요한 것은 이렇게 새로운 문물이 전파되었다는 사실 자체일 거야. 이 이야기 속 주인공들은 어떻게 생각하면 독점 기술을 빼내 간 산업 스파이나 다름없지만, 면옷이나 비단옷을 지어 입게 된 나라의 입장에서 보면 자국민의 옷차림을 두

루 윤택하게 하고 나라의 부가 빠져나가는 것을 막는 공을 세운 사람들이겠지.

실크 로드를 통해 점점 도시가 성장하고, 세상 사람들의 시야가 넓어졌어. 비단이나 유리, 향료 같은 값비싼 물건을 갖고 싶어 한 탓에 생겨난 무역이었지만, 그런 물건들과 함께 언어, 학문을 비롯한 온갖 발명품과 아이디어까지도 이 길을 따라 퍼져 나갔거든. 비단 만드는 방법 말고도 종이, 나침반, 화약, 인쇄술 같은 발명품과 기술이 전파되었지. 이 나라의 관습이 저 나라로, 저 나라의 종교가 이 나라로 전해졌어.

우리나라에도 실크 로드의 숨결을 느낄 수 있는 흔적이 많아. 경주의 고분에서 볼 수 있는 유리병도 서역에서 전해진 것이고, 괘릉 앞을 지키는 한 쌍의 무신 역시 눈이 부리부리하고 머리카락이 고불고불한 모습으로 보아 서역인으로 추정되니까. 신라 시대의 혜초 스님이 쓴 서역 여행기 『왕오천축국전』도 있고, 고려 가요 「쌍화점」에 등장하는 '회회아비'도 그렇고 말이야. '회회인'은 무슬림을 가리키는 말이거든. 비단 옷감이 이국의 문물을 전해 주고, 먼 데 사는 사람들과도 교류하게 만든 셈이지.

세계 여행의 선구자 마르코 폴로

실크 로드는 선박 등 근대적인 교통수단이 발달하는 한편 국가 간의 자유로운 이동이 어려워지는 18세기에 이르면 점차 흐름이 끊기게 돼. 하지만 그 전까지는 동서양의 문명을 이어 주는 역할을 아주 오랫동안 해 왔어. 이 길을 따라 13세기의 베네치아 상인 마르코 폴로도 동방을 여행했지. 마르코 폴로에 대해서는 조금 덧붙일 이야기가 있어. 수많은 사람들이 비단길을 오고 갔지만, 그중에서도 여행기를 남겨 유명해진 인물이거든.

마르코 폴로는 이탈리아 사람으로 상인 가문 출신이야. 1271년 아버지와 삼촌을 따라 베네치아를 떠나 기나긴 여행을 시작했어. 여행을 떠날 때 열일곱 살에 불과했다니 무척 설렜겠지? 하지만 두렵기도 했을 거야. 당시 여행은 오늘날과 달리 무척 험난했거든.

1275년에 중국 원나라에 도착했으니까 가는 데만 4년이 걸린 셈이야. 로마를 거쳐 오늘날의 아프가니스탄 지역을 통과하는 힘겨운 길이었지. 그 이후 마르코 폴로는 쿠빌라이 칸이 다스리는 원나라에서 17년 동안이나 머물렀어. 거기서 관직도 얻고 중국 각지를 여행했다고 해.

당시 중국은 칭기즈 칸의 활약으로 영토가 넓어져서 손자인 쿠빌라이의 대에 이르러서는 역사상 최대의 영토를 가지고 있었어. 쿠빌라이 칸은 넓은 땅을 다스리기 위해 각 지역의 사정에 밝을 필요가 있었고, 그래서 관리를 여럿 보내 정보를 모아 오게 했어. 마르코 폴로도 그런 일을 했던 거지. 여행을 하면서 이곳저곳을 살피고 기록하여 쿠빌라이 칸에게 알려 주는 역할 말이야.

마르코 폴로의 중국 여행은 크게 서남 지방과 동남 지방으로 나눌 수 있는데, 그가 남긴 기록 『동방견문록』에는 오늘날의 중국 영토

말고도 베트남, 라오스, 인도 일대까지 언급되어 있어. 마르코 폴로는 스스로 이 일을 꽤나 만족스러워했던 모양이야. 중국어와 몽골어도 할 줄 알았고, 쿠빌라이의 신임도 얻었노라고 기록하고 있거든. 하지만 아무리 그렇다 해도 20년 넘게 고향을 떠나 있다 보면 향수를 느끼게 되겠지? 마르코 폴로 일행은 고향에 돌아가고 싶으니 허락해 달라고 중국 조정에 요청했어. 하지만 쿠빌라이는 만류했단다.

그러던 중 1290년에 이웃 나라 일한국(Il汗國)에서 기별이 왔어. 아내를 잃은 일한국의 왕 아르군 칸이 새 아내를 원나라에서 얻고 싶다고 말이야. 쿠빌라이는 흔쾌히 응하고는 열일곱 살 먹은 코카친 공주를 일한국으로 시집보내기로 했지. 그래서 아르군 칸의 신하들 편에 공주를 보냈는데, 가는 도중 전쟁으로 길이 막혀 8개월 만에 되돌아오고 말았어. 쿠빌라이는 공주를 뱃길로 다시 보내되, 마르코 폴로 일행더러 공주를 수행하게 했어. 마르코 폴로는 공주를 모셔다 드려야 한다는 중대한 임무를 띠고 1291년 출발해서 가까스로 일한국에 도착했어. 임무를 완수하고 베네치아에 귀환한 건 1295년이었으니 4년이 넘게 걸린 셈이지.

원 없이 세계 여행을 했으니 좋았겠다고? 그렇지도 않아. 아까도 말했지만 당대의 뱃길 여행은 오늘날 크루즈 여행처럼 안락하고 쾌적하지 않았거든. 14척의 배로 출발했는데 배에 탄 600명 중 끝까지 살아남은 사람이 겨우 18명에 지나지 않았다고 하니,• 여행이라기보

• 정수일 『실크로드학』, 창비 2001, 445면.

『동방견문록』의 한 페이지.
칸의 군대가 지금의 미얀마 지역에서 전투를 하는 장면이 그려져 있다.

다는 사투에 가까운 여정이었을 거야. 갖은 고생과 우여곡절 끝에 고향으로 돌아온 것은 떠나간 지 24년 만이었지. 가는 데 4년, 오는 데 4년이라는 긴 여행 기간까지 포함해서 말이야.

그런데 귀국한 이듬해에, 베네치아와 제노바 간의 해전이 일어났어. 여기에 참전했던 마르코 폴로는 포로가 되어 감옥에 갇혔지 뭐야. 넓은 세상을 돌아다니다 갑자기 갇힌 신세가 되었으니 얼마나 무료하고 갑갑했겠니? 사람들에게 그동안 자신이 겪었던 여행과 세상 얘기를 들려주는 것을 낙으로 삼을 수밖에 없었겠지. "이래 봬도 왕년에는 내가 말이지요." 하는 말로 너스레를 떨고 시작했는지도 몰라. 그런데 마침 감옥에서 같은 방을 쓰던 사람이 루스티첼로라는 작가였거든. 마르코 폴로의 이야기에 흥미를 느낀 루스티첼로가 그가 들려준 이야기를 글로 옮긴 것이 바로 『동방견문록』이야.

『동방견문록』은 가짜 여행기?

『동방견문록』을 처음 접한 유럽 사람들은 놀라움을 금치 못했어. 책 속에 펼쳐진 이야기는 너무나 신기해서 많은 사람들의 호기심을 불러일으키기에 충분했지.

이 책은 흔히 '동방견문록'이라고 알려져 있지만 그것은 훗날 일본과 한국에서 번역해 붙인 제목이고, 원래의 제목은 판본마다 달라. '세계의 서술'이라는 것도 있고 '베네치아 시민 마르코 폴로의 생활'이라는 것도 있고 여러 가지라고 해. 세계 곳곳의 이야기를 담은 책이다 보니 자신이 가 보지 못한 곳들에 관해 들은 내용까지도 풀어 놓았지. 그러다 보니 과장된 부분도 있고 믿기 힘든 부분도 있었어.

그래서 마르코 폴로를 허풍쟁이나 거짓말쟁이 취급하는 사람도 꽤 있었지. 심지어 친구들 중에도 그를 믿지 못해서 "죽기 전에 네가 한 거짓말에 대해 회개해라." 하고 조언하는 사람이 있을 정도였대. 물론 마르코 폴로는 자신이 결백하다고 주장했지만 말이야. 많은 시간이 흐른 뒤에도 『동방견문록』에 의심을 품는 사람들이 있었어. 영국 박물관의 중국 담당자 같은 전문가마저도 『동방견문록』에 중국에서 유명한 서예나 다도(茶道), 젓가락 문화 같은 내용이 나오지 않고 전족 풍습이나 만리장성 같은 내용도 빠져 있다는 점을 들어 마르코 폴로가 중국을 여행하고 쓴 건지 의심스럽다고 주장했거든.

하지만 그에 대한 반론도 만만찮게 나왔어. 만리장성의 경우, 마르코 폴로가 보았을 무렵에는 엉성한 흙벽이 있었을 뿐이고 그나마 애초의 벽들은 무너져 있던 상태라 그리 거대하지 않았을 거라고 해. 오늘날과 같은 만리장성의 모습은 마르코 폴로의 시대보다 200년쯤 지난 뒤에야 완성되었다는 거야. 그러니까 마르코 폴로가 만리장성을 보았다 하더라도 흙무더기에 지나지 않아서 언급할 가치를 못 느꼈을 수도 있었겠지.

중국 음식 문화에서 빠질 수 없는 젓가락과 차 문화가 기록되지 않은 것도, 마르코 폴로가 중국에 가 있을 무렵에는 지배 계급이 몽골 사람들이었기 때문에 몽골 풍습에 따라 음식을 손으로 집어 먹었을 가능성이 크다고 해. 그러니 젓가락을 볼 기회가 많지 않았으리라는

『동방견문록』에 실린 삽화. 마르코 폴로 일행이 현재 이란 앞바다에 위치한 호르무즈 섬에
닿았던 때를 그린 것으로, 작은 배에 코끼리며 낙타를 싣고 여행한 듯 보이지만
사실은 그렇지 않았다. 상상력이 많이 동원된 그림이다.

거지. 또한 마르코 폴로는 대부분 중국 중북부에 머물렀던 만큼 남부를 중심으로 유행한 차 문화는 잘 몰랐을 수도 있어. 그보다 이탈리아 사람인 마르코 폴로는 술에 관심이 많아서 쌀, 밀가루, 포도, 대추, 야자수 수액 등으로 만든 온갖 술 종류에 대해서는 자세히 언급하며 칭찬했다고 해. 누구나 자신의 관심 분야가 잘 보이고, 잘 아는 것에 대해 이야기하고 싶어 하는 법이잖아. 젓가락과 차에 대한 언급이 없다고 해서 중국에 가지 않았을 거라 단정하기는 무리라는 거지. 여자의 발을 제대로 자라지 못하게 하는 풍습인 전족은, 여성을 방에 묶어 놓기 위해 고안된 것인 만큼 외간 남자이자 외국인인 마르코 폴로의 눈에 띌 일이 없었을 테고 말이야.

여러 학자들의 연구가 이어지던 중, 마르코 폴로가 중국에 가지 않았다면 쓰기 어려웠으리라고 판단되는 결정적인 증거들이 발견되었어. 마르코 폴로가 고향으로 돌아갈 때 공주를 모시며 같이 배를 타고 갔던 세 사람의 사신 이름을 언급한 바 있는데, 중국의 어느 학자가 명나라 때 편찬된 백과사전인 『영락대전』 속에서 마르코 폴로가 말했던 세 사신의 이름과 정확하게 일치하는 명단을 발견한 거야.• 그리하여 마르코 폴로는 '세상 사람들을 현혹시킨 최고의 거짓말쟁이'라는 그간의 의심에서 벗어날 수 있었어.

『동방견문록』은 오랜 세월 동안 수많은 사람들의 호기심과 상상력, 모험심을 자극한 책이야. 대표적인 예가 바로 콜럼버스지. 콜럼버스가 인도를 찾아 떠날 때에도 손에 『동방견문록』을 쥐고 있었다고 하니까. 콜럼버스 덕분에 아메리카 대륙이 유럽에 알려졌고, 그로 인해 세계는 엄청난 변화를 겪게 되었잖아.

몇 년 전에 엄마는 「마르코 폴로의 길을 걷다」라는 사진전을 본 적

• 박한제·김호동·한정숙·최갑수 『유라시아 천년을 가다』, 사계절 2002, 185면.

이 있어. 『내셔널 지오그래픽』의 사진작가 마이클 야마시타가 그 옛날 마르코 폴로의 여정을 고스란히 되밟으면서 남긴 기록이었지. 장장 3년이나 걸렸다는 그 여행에서 마주친 사람들과 풍경들을 보면서, 이 세상에는 이토록 다양한 사람들이 이렇게나 다채로운 모습으로 살아가고 있구나 하고 감탄했던 기억이 나. 낙타를 타고 모래사막을 건너는 상인들, 초원의 유목민, 내리는 눈을 고스란히 맞고 있는 티베트의 승려들, 온 얼굴을 가린 채 눈만 내놓고 카메라를 응시하는 무슬림 여인, 물의 도시 베네치아의 풍경……. 실크 로드가 온갖 물자와 문명이 오간 여러 갈래의 길이라는 것을 실감하게 됐지. 실크 로드에 관한 내용은 두꺼운 학술 서적 말고도 사진책이나 다큐멘터리로도 많이 나와 있으니까, 한 번쯤 찾아보는 것도 재미있을 거야.

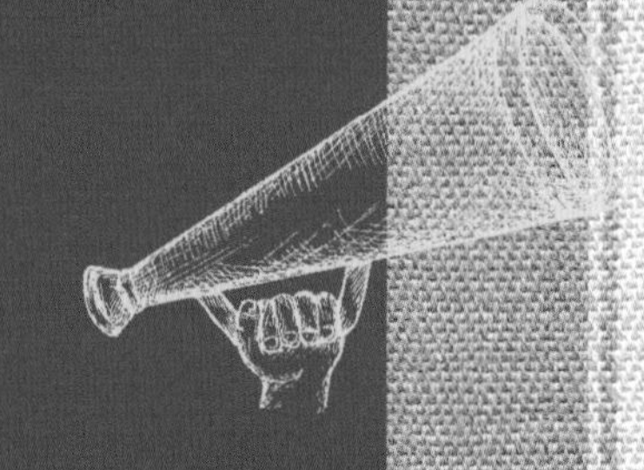

벨벳

짧았던 프라하의 봄과
부드럽게 이룩한 벨벳 혁명

팝 아트의 거장 앤디 워홀이 그린 바나나 하나. 벨벳 언더그라운드라는 미국 록 그룹의 앨범 재킷에 사용된 그림이야. 가끔 그들이 부른 「페일 블루 아이즈(Pale Blue Eyes, 창백한 푸른 눈동자)」라는 노래가 듣고 싶어질 때가 있어. 푸른 눈을 한 옛 연인을 그리워하는 애틋한 내용인데, 나지막이 읊조리는 가사와 멜로디가 아늑한 분위기를 주거든. 그런 느낌이 바로 벨벳의 촉감 아닐까? 그래서 그룹의 이름에 벨벳이 들어간 것일까 문득 궁금해져.

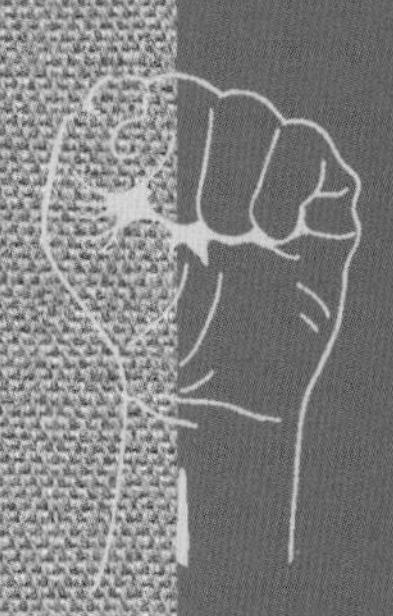

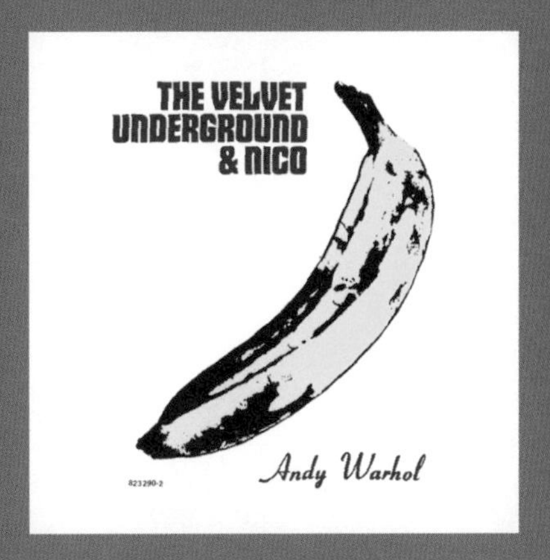

벨벳을 만져 본 적 있니? 우단이라고도 부르는 천인데, 고운 털이 돋도록 짜여서 아주 부드러워. 비단과 레이온, 나일론, 폴리에스테르 등으로 만들거나 그 섬유들을 적절히 섞어서 만들지. 그런데 세계사에 벨벳 혁명이라는 재미있는 이름이 붙은 사건이 있다는 거, 알고 있니?

혁명, 벨벳처럼 부드러운?

'벨벳 혁명'은 1989년 11월 17일부터 12월 29일까지 체코슬로바키아에서 일어난 비폭력 혁명을 일컫는 말이야. 1993년에 체코와 슬로바키아 두 나라로 분리되었지만 당시에는 연방제를 택한 하나의 나라였지. 어쨌든 벨벳 혁명이라니, 생소하지? 보통 혁명이라는 말을 들으면 피와 희생을 감수하면서 기존 세력을 뒤엎는 비장한 느낌이 들잖아. 그런데 1989년 체코슬로바키아에서 일어났던 혁명은 마치 벨벳처럼 부드럽고 매끈하게 이루어졌거든. 그래서 이런 이름이 붙었어. 과정은 부드러웠지만 이 혁명으로 체코슬로바키아의 공산 정권이 끝내 무너졌지. 벨벳 혁명은 동유럽 민주화 과정에서 매우 중요한 사건으로 평가되고 있어.

벨벳 혁명의 배경을 알려면 일단 1985년으로 조금 거슬러 올라가야 해. 당시 소련은 고르바초프 대통령이 권력을 쥐고 페레스트로이카와 글라스노스트라는 개혁 개방 정책을 펼쳤어. '페레스트로이카'

와 '글라스노스트'라는 말이 낯설게 느껴지지? 러시아어로 각각 개혁과 개방이라는 뜻이니까 그렇게까지 어렵게 생각할 필요는 없어. 어쨌든 이 정책 덕분에 동유럽에 위치한 소련의 위성 국가들이 전보다 많은 자유를 얻었다는 게 중요해. 이러한 정책에 힘입어 1989년 11월 9일에는 독일의 동서를 가르던 베를린 장벽이 무너졌고, 그러면서 체코슬로바키아에도 개혁의 바람이 몰아닥쳤어.

1989년 11월 17일, 프라하에서는 학생들의 평화적인 시위를 경찰이 무력으로 진압했어. 그러자 이틀 뒤인 11월 19일부터 대규모 대중 시위가 벌어졌지. 이제야말로 공산당의 통치를 끝내고 민주화를 이루어 내자는 의지가 대단했어. 특히 11월 24일의 집회에는 50만여 명의 시민이 모였고, 11월 27일에는 체코슬로바키아의 거의 모든 시민이 2시간 동안 파업을 했어.

결국 11월 28일, 체코슬로바키아 공산당은 모든 권력을 포기한다고 발표했어. 그리고 오직 하나의 정당만을 인정하는 단일 정당제 또한 폐지하겠다고 했지. 워낙 국민들의 저항이 거셌고, 동유럽의 다른 나라들에서도 공산주의 정권이 무너지고 있었기 때문에 더 버틸 수 없겠다고 판단한 거야. 12월 초에는 체코슬로바키아의 국경에서 철조망과 장애물이 제거되었어. 12월 10일에 구스타우 후사크(Gustáv Husák) 대통령이 사임하면서 체코슬로바키아는 1946년 이래 처음으로 공산당이 아닌 정부가 국정을 운영하게 되었지.

마침내 12월 28일에 연방 의회 의장으로 알렉산데르 둡체크(Alexander Dubček)가 선출되고, 그다음 날에는 바츨라프 하벨

(Václav Havel)이 체코슬로바키아의 대통령이 되었어. 이듬해인 1990년 6월에는 체코슬로바키아에서 민주적인 선거가 치러졌지. 이 역시 1946년 이래 처음이었어.

벨벳 혁명이라는 말은 하벨이 어느 연설에서 "우리는 평화적으로 혁명을 이루어 냈다. 이는 벨벳 혁명이다."라고 한 데서 비롯되었대. 체코에서는 이 사건을 '벨벳 혁명'이라고 부르지만 슬로바키아에서는 '신사 혁명'이라는 말을 쓴다고 해. 마찬가지로 혁명이 신사적으로 진행되었다는 의미겠지?

그런데 체코슬로바키아는 언제, 왜 체코와 슬로바키아로 나뉘었을까? 맨 처음에는 별개의 나라였어. 그러다 제1차 세계 대전이 끝난 1918년에 합쳐졌지. 그렇지만 체코 출신 사람들이 정권을 잡는 바람에 슬로바키아 쪽 사람들의 불만이 높아졌고, 결국 국민 투표를 치러서 다시 두 나라로 나누기로 결정한 거야. 그래서 1993년 1월 1일부터 두 개의 나라가 되었단다.

벨벳 혁명의 씨앗, '프라하의 봄'

벨벳 혁명은 부드럽게 진행되면서도 짧은 시간에 정권 교체를 이루어 내 전 세계에 큰 충격을 주었어. 하지만 이런 혁명이 아무 어려움 없이 단숨에 성공한 것은 아니야. 본래 혁명이란 오랜 시간 동안 쌓여 온 불만과 요구들이 조금씩 나타나다가 특정한 계기에 의해 크게 분출하는 것이라고도 할 수 있거든. 벨벳 혁명의 시작은 20여 년

전의 '프라하의 봄'이라고 말할 수도 있어.

원래 프라하의 봄이라는 말은 1946년부터 매년 봄에 개최되는 음악 축제를 뜻했어. 프라하는 드보르자크, 스메타나 등 거장 음악가들의 숨결이 남아 있는 도시거든. 하지만 지금부터 들려줄 프라하의 봄은 좀 달라. 이름에서 짐작할 수 있는 것처럼 체코슬로바키아가 빛나는 희망으로 부풀었던 짧은 시기를 말하지. 이제는 '프라하의 봄'이라고 하면 이 시기를 지칭하는 게 일반적이야. 이야기는 1968년으로 거슬러 올라간단다.

그 전에 일단 두 사람의 이름을 기억해 두자. 알렉산데르 둡체크라는 당시 체코슬로바키아의 지도자와 레오니트 브레즈네프(Leonid Brezhnev)라는 소련의 지도자야. 둡체크는 앞에서도 한 번 말했지? 벨벳 혁명 이후 연방 의회 의장으로 선출되었던 바로 그 사람이야. 벨벳 혁명이 일어나기 약 20년 전, 체코슬로바키아의 제1서기였던 그는 국민들의 삶의 질을 높이려고 노력했어. 공산주의 국가에서 엄격하게 통제되던 언론의 자유도 허용하려 했지. 둡체크의 이상은 공산주의라는 체제는 유지하되, 국민들에 대한 실질적인 통제는 느슨한 사회였어. 그는 이런 이상을 "인간의 얼굴을 한 사회주의"라고 불렀지. 그 덕분에 체코슬로바키아에는 자유의 바람이 불기 시작했어.

한편 소련의 지도자 브레즈네프는 체코슬로바키아 같은 소련의 위성 국가들을 완전히 통제하려 들었어. 그는 변화를 거부하는 강경한 공산주의자였는데, 언론의 자유도 허용하지 않았고 반대파를 제압하는 데 군대를 이용하는 것도 마다하지 않는 사람이었어.

1968년 8월, 체코슬로바키아 사진작가 요제프 쿠델카(Josef Koudelka)가 기록한 프라하의 모습. 피에 얼룩진 국기를 들고 가는 이 여성의 표정이 많은 것을 전해 준다.

둡체크와 브레즈네프. 전혀 다른 신념을 가진 이 두 지도자 사이에 갈등이 일어난 건 당연한 일이었어. 다만 힘의 차이가 너무나도 컸지. 체코슬로바키아는 소련의 위성 국가에 불과했으니까. 브레즈네프는 둡체크의 개혁 정책을 공산주의에 대한 중대한 반란이라고 여겼어. 결국 1968년 8월 20일, 소련은 20만에 달하는 대규모 병력을 체코슬로바키아로 보냈지.

둡체크는 10여 년 전에 헝가리에서 일어난 유혈 사태를 기억했기 때문에 국민들에게 소련을 자극하지 말라고 했어. 그래도 사람들은 비폭력적인 방식으로 저항했지. 이때 진압 과정에서 체코슬로바키아 사람들 72명이 사망했는데, 이는 물론 적은 수가 아니지만 1956년 헝가리에서 발생한 사망자 3,000명에 비하면 그나마 안도해야 할 형편이었어.

소련군은 신속하게 프라하를 점령하고 둡체크를 체포했어. 모스크바로 끌려간 둡체크는 소련 지도자들에게 개혁 정책에 대해 해명해야 했지. 그는 프라하로 돌아온 뒤 국민들에게 개혁 정책의 중단을 선포하고, 이듬해 봄에 관직에서 물러났어. 소련은 그에게 새 직업을 정해 주었는데, 바로 삼림 감독관이었어. 결국 그렇게 체코슬로바키아의 개혁은 중단되었고, 구스타우 후사크가 정권을 잡은 뒤에는 대규모의 정치적 숙청이 벌어졌지.

당시의 분위기를 알 수 있는 책이 있는데, 제목을 들어 본 적이 있을지도 모르겠다. 밀란 쿤데라가 쓴 『참을 수 없는 존재의 가벼움』이라는 소설이야. 프라하의 봄 시기를 배경으로 하고 있어서 주인공

테레자가 둡체크의 연설을 떠올리는 장면도 나오지. 둡체크는 소련에 며칠 동안 감금되었다가 돌아왔다고 했잖아. 그보다 10년 전에 헝가리의 수상 임레 너지는 처형되기까지 했으니 둡체크가 어떤 위협을 받았을지 짐작이 되지? 그는 돌아와서 라디오로 대국민 연설을 했어. 자유롭게 살도록 해 주고 싶었던 국민들 앞에 지금까지의 정치 개혁을 중단한다고 말해야 했던 거야. 차마 입 밖에 내기 힘든 내용이었기에 그는 숨을 헐떡이며 얼마간 말문을 잇지 못하기도 했지. 라디오에 붙어 앉아 귀를 기울이던 국민들은 자신들의 지도자가 큰 힘에 굴복했다는 사실이 치욕스러워서 그를 미워했어. 하지만 시간이 지나자 약자로서 어쩔 수 없는 결정이었음을 깨닫고 오히려 연민하는 마음을 갖기도 했대. 우리나라의 역사에도 비슷한 경우가 있었지. 청나라 황제 앞에 무릎 꿇고 절을 했던 조선의 왕 인조나 아내가 살해당했는데도 아무 말 하지 못했던 고종의 예가 떠올라. 그래서인지 이 사건은 남의 일 같지 않은 기분이 들곤 해.

체코슬로바키아의 혁명이 무참히 진압되는 동안 서구의 지도자들은 그저 지켜보기만 했어. 왜 그랬을까? 소련의 눈치를 봐야 하기 때문이었어. 당시 소련과 미국의 관계는 서로 대립각을 세우면서도 미묘하게 힘의 균형을 유지하고 있었거든. 안 그래도 살얼음판을 걷듯이 불안한 정세인데 섣불리 체코슬로바키아의 편을 들었다가 소련과 관계가 틀어질까 봐 몸을 사린 거야. 불의를 보고도 뒷짐이나 지고 있었다며 비판할 수 있지만, 까딱 잘못하다간 미국 대 소련, 자본주의 국가 대 공산주의 국가의 전면전으로 번질 우려도 있었으니까 무턱대고 미국을 비롯한 다른 국가들을 탓할 수도 없을 것 같아.

프라하의 봄은 결국 실패로 끝났지만 잊을 수 없는 말을 남겼어. 인간의 얼굴을 한 사회주의. 곱씹을수록 참 멋진 말인 것 같아. 무엇보다 사람을 우선하겠다는 다짐일 테니까. 어떠한 주의 주장도 사람을 기본으로 하지 않으면 빛 좋은 개살구에 지나지 않는다는 걸 둡체크는 정확하게 알고 있었던 거지.

프라하에 기다리던 봄은 오지 않았고, 세월은 무심하게 흘러갔어. 모두들 그날의 개혁은 실패였다고 단정할지 몰라. 하지만 힘들게 뿌린 씨앗이 있었기에 벨벳 혁명이라는 결과가 나온 것은 아닐까? 삼림 감독관으로 밀려난 둡체크도 벨벳 혁명을 통해 결국 정치에 복귀했고 말이야. 한 번의 실패로 좌절하거나 포기하지 말고 끊임없이 노력할 것. 우리가 배워야 할 점은 이런 것이 아닐까 싶어.

록을 사랑한 대통령

둡체크에 대해 한참 얘기했지만, 벨벳 혁명에서 빠뜨릴 수 없는 주역은 따로 있어. 아까 잠깐 이름만 얘기했지? 벨벳 혁명 뒤 대통령이 된 바츨라프 하벨 말이야. 동유럽 민주화의 큰 별로 꼽히는 그는 체코슬로바키아에서 민주주의를 이루어 낸 인물로 평가받고 있어.

하벨은 1936년 프라하의 부유한 집안에서 태어났어. 하지만 1948년 체코슬로바키아에 공산 정권이 들어서면서 전 재산을 몰수당했지. 집안 배경은 오히려 걸림돌이 되었고, 출신이 부유하다는

벨벳 혁명을 이끈 바츨라프 하벨의 모습을 담은 다큐멘터리 영화「시민 하벨」.
하벨 대통령이 사망한 이듬해인 2012년, 그의 생일 10월 5일에 맞추어 프라하 국제 공항의 이름을 바츨라프 하벨 공항으로 바꿀 정도로 그는 체코 국민들에게 존경받는 정치가이다.

이유로 공교육을 제대로 받지 못했어. 힘겹게 야간 학교를 마친 그는 극장에서 무대 담당자로 일하면서 사회생활을 시작해. 직접 희곡을 집필해서 인기를 얻기도 했지만, 공산주의 사회를 풍자한 내용 탓에 그 작품으로 공연을 하는 것은 금지되었다고 해.

프라하의 봄이 좌절된 후, 하벨은 본격적으로 정치에 뛰어들었어. 이후 20여 년간 체코의 대표적인 반체제 운동가로 활동했지. 그는 기회만 있으면 공산주의 당국을 비난하면서 반체제 활동을 꾸준히 했고, 그 때문에 여러 차례 투옥되고 끊임없이 감시받았어. 1977년에는 인권 선언문 '77 헌장'을 공동 집필해서 서방 세계의 관심을 끌었지만 이로 인해 4년 넘게 투옥되기도 했어.

공산주의 국가들이 붕괴하기 시작하자, 하벨은 반체제 연합인 '시민 포럼'을 조직해서 벨벳 혁명을 훌륭하게 이끌었어. 비폭력을 전제로 한 시민 포럼의 노력 덕에 평화 시위 및 파업 등이 성공적으로 이루어졌다고 할 수 있어. 하벨은 그 과정에서 체포되기도 했지만 국내외의 압력으로 3개월 만에 석방되었지.

앞서 벨벳 언더그라운드라는 록 그룹 이야기를 했지? 굉장히 급진적인 음악을 만들던 밴드였는데, 실제로 그들의 음악이 하벨과 다른 반체제 인사들에게 영감을 주었다고 해. 정치가와 록 그룹이라니, 얼핏 접목이 안 되지? 하지만 하벨은 자유가 없는 정치 체제를 미워한 만큼이나 록 음악을 사랑했대. 그가 77 헌장을 공동으로 쓰게 된 계기도 애초에 '플라스틱 피플 오브 더 유니버스(Plastic People of the Universe)'라는 록 그룹을 체포한 공산 정권에 항의하기 위해서였다니까 그가 얼마나 록을 사랑했는지 짐작이 되지? 참고로 그 록 그룹은 자유와 민주주의를 노래하는 음악가이자 그들 자신이 반체제 운동가이기도 했어. 소련을 비롯한 공산주의 지도부에 대한 비판 의식이 담긴 노래를 많이 불렀지. 공산 정권이 이 록 그룹을 체포한 것은 체제를 유지하기 위한 횡포였어.

하벨의 록 음악 사랑을 드러내는 또 다른 일화도 있어. 대통령에 취임한 하벨이 최초로 초청한 손님 중에는 미국의 록 가수 프랭크 자파와 벨벳 언더그라운드의 리더인 루 리드가 포함되어 있었대. 갓 취임한 대통령의 공식 초청은 외교적으로 큰 의미가 있는데, 하벨은 그런 자리에 파격적으로 록 가수를 초대한 거야.

하벨은 죽기 직전까지도 2010년 노벨 평화상 수상자이자 중국의 반체제 인사인 류샤오보의 석방을 촉구하는 등 자신의 신념을 잃지 않고 사명을 다하고자 노력했지. 하벨은 자유의 수호자이자 투사라는 이미지가 강하지만 그 이면에는 재미있고 소탈한 인격이 엿보이기도 했어. 대통령이 된 그가 프라하 성의 긴 홀 사이를 지나다닐 때 스쿠터를 이용했다는 소식이 뉴스에 나올 정도였거든. 끝없이 투쟁하는 인생을 살면서도 여유와 유머를 잃지 않은 하벨. 어쩌면 그런 성격 덕에 끝까지 고난을 이겨 내고 승리를 손에 넣었는지도 몰라.

프라하의 아름다움 그 너머

많은 사람들이 꼭 여행 가고 싶은 나라로 동유럽을 꼽잖아? 엄마도 몇 년 전에 프라하를 여행한 적이 있는데, 도시가 참 아담하고 예쁘더라. 생김새뿐만 아니라 그 이름에도 독특한 아름다움이 담겨 있었어. 예를 들어서 카프카가 저술 활동을 한 집이 있는 골목의 이름은 '황금 소로'(Zlatá Ulička)인데, 대대로 황금 세공업자들이 많이 살았기 때문이래. 앞서 얘기한 벨벳 혁명이나 프라하의 봄을 봐도 그래. 혁명이나 투쟁과는 어울리지 않는 아름다운 이름이지. 하지만 아름다움을 한 꺼풀 벗겨 보면 그들이 자신들의 사회와 역사를 지키기 위해 얼마나 큰 시련을 겪었는지 알 수 있어.

얀 후스의 동상이 있는 구시가 광장도 마찬가지야. 모르고 보면 웬 시커먼 동상이 있는 오래된 광장이구나 하고 말 거야. 하지만 동상의 주인공인 얀 후스는 14세기의 종교 개혁가로, 체코 종교 혁명의 신호가 된 인물이야. 루터보다 100년 전쯤에 가톨릭교회의 부패상을 비판하고 종교의 자유를 위해 애쓰다가 콘스탄츠 종교 회의에 소환되어 1415년 산 채로 화형당했지. 둡체크가 개혁 운동을 주도했던 현장도 바로 얀 후스 동상이 보이는 광장이었어.

바츨라프 광장도 역사적인 곳이야. 광장이라기보다 마치 번화가 같은 느낌이 드는 곳이지만, 1968년 프라하의 봄 때에는 이곳에서 자유화 운동이 일어났고 1989년 벨벳 혁명 때는 민주화를 위한 무혈 시민운동이 벌어졌어. 그러니 체코인들에게 바츨라프 광장은 자유와 민주화의 성지인 셈이야. 어때, 배경을 알고 나니 단순히 관광지로만 여길 수 없겠지?

그렇게 프라하는 혁명이 있을 때마다 많은 사람들이 자유를 요구

구시가에서 바라본 프라하의 야경. 블타바 강의 13개 다리 중 가장 아름답고
오래된 카를교가 가로놓여 있고 그 너머로 프라하 성이 보인다.

했다는 죄목으로 희생되었어. 지금 우리가 이름을 아는 하벨이나 둡체크 같은 정치가도 있지만, 누구도 기억하지 못하는 사람들이 대부분이지. 하지만 그런 사람들이 있었기에 결국 프라하에 진짜 봄이 찾아온 거야. 혹여 프라하에 여행을 가거나 프라하의 사진이나 영상을 보게 되거든, 아름다운 풍경에만 넋을 빼기지 말고 그 나라 사람들이 지금의 자유를 얻기까지 흘렸던 피와 눈물과 인내의 시간에 대해서도 생각해 보렴.

검은 옷

블랙 마니아 펠리페 2세,
"검은 옷만 입어라" 크롬웰

엄마의 옷장을 열고 슥 훑어보니, 유독 검은색이나 진회색 옷이 많네. 점잖은 느낌의 옷을 사려다 보니 이렇게 되었나 봐. 어두운 색 옷은 얼룩이 묻어도 눈에 잘 안 띈다는 점도 한몫했겠지. 옷들이 하나같이 우중충하고 칙칙한 게 사람들 눈에 띄는 걸 싫어하는 엄마의 성격 탓인가 싶어 피식 웃음이 나오려고 해. 하지만 진정한 멋쟁이들도 검정색 옷을 좋아한다지? 머리끝부터 발끝까지 검은색으로 통일해도 근사하고, 그 위에 화려한 스카프를 한 장 두르거나 반짝거리는 장신구 한두 개만 더해도 분위기를 바꿀 수 있잖아. 그러고 보면 검은색 옷은 참 다양한 표정을 가진 것 같아.

그런데 역사 속에도 검은 옷을 유독 좋아한 인물들이 있었어. 한 사람은 검은 옷을 즐겨 입은 스페인의 왕 펠리페 2세, 또 한 사람은 사람들에게 검은 옷을 입도록 강요했던 영국 청교도 시대의 지도자 올리버 크롬웰이야. 일단 펠리페 2세 이야기 먼저 들어 볼래?

펠리페 2세는 왜 검은 옷을 좋아했을까

16세기 후반 스페인을 다스린 왕, 펠리페 2세. 이 사람의 초상화를 찾아보면, 거의 대부분 검은 옷을 입은 모습이야. 성직자도 아니고 왕인데, 어째서일까? 비슷한 시기는 아니지만 17, 18세기에 프랑스를 다스린 왕들인 루이 14세, 루이 16세의 초상과 비교해 보면 소박하다 못해 초라해 보이기까지 해. 펠리페 2세는 신성 로마 제국 황제 카를 5세와 포르투갈 공주 이사벨 사이에서 태어나 아버지에게서 식민지를 포함한 넓은 영토를 물려받은 인물이었어. 그가 통치하던 시기에 스페인은 최상의 국력과 영토를 자랑하던 강대국이었음을 고려하면 이런 소박한 검은 옷은 일견 이해가 되지 않지.

얼핏 보면 펠리페 2세는 모든 걸 넘치게 소유한 왕인 것 같아. '무적함대'로 대표되는 최고의 군사력도 갖추었고 심지어 멋진 외모까지 겸비했거든. 뭐? 아래턱이 나온 것 같고, 그다지 잘생기지 않았다고? 요즘 우리 기준으로 보면 그렇게 생각할 수도 있겠네. 하지만 그와 결

당시 세계 최고의 강대국이던 스페인의 국왕 펠리페 2세.
독실한 가톨릭 신자였던 그는 검은 옷을 즐겨 입었다.

혼한 영국의 메리 여왕 눈에는 잘생겨 보였던가 봐. 메리 여왕은 펠리페 2세가 가톨릭을 믿는 데다 잘생겨서 마음에 들어 했다는 기록이 있거든. 물론 그 시절의 왕족 간 결혼이란 다분히 정략적인 의도가 있었겠지만 말이야.

어쨌든 펠리페 2세가 통치하던 시기에 식민지에서 스페인으로 들어온 금과 은의 양은 상상을 초월했어. 콜럼버스가 아메리카 땅을 '발견'한 이후, 코르테스나 피사로 같은 탐험가들이 신대륙을 개척한다는 명목으로 엄청난 양의 금과 은을 스페인으로 가져왔거든. 특히 지금의 볼리비아 땅에 있는 포토시(Potosí)라는 곳에서 큰 은광이 발견되어서, 해마다 만 명이 넘는 원주민들이 강제로 동원되어 밤낮없이 노예처럼 일하며 은을 캐냈어. 1545년부터 1560년까지 15년 동안 라틴 아메리카에서 스페인으로 해마다 평균 황금 5,500킬로그램과 은 24만 6,000킬로그램이 건너왔지. 그러다 보니 16세기 말, 전 세계의 금과 은 생산량 중 83퍼센트를 스페인이 점유할 정도였다고 해.• 하지만 펠리페 2세는 늘 돈 걱정을 해야 하는 왕이었어. 네 번이나 파산 선고를 했을 정도였다니 참 의외지?

무적의 스페인이 돈 걱정을 해야 했던 이유

16세기 스페인은 세계에서 가장 부유한 국가였지만 많은 문제점을 안고 있었어. 아메리카 대륙에서 건너온 금과 은으로 재물이 풍

• 루안총샤오 『금의 전쟁』, 정영선 옮김, 평단 2012, 133면.

16세기 중반에 개발된 포토시 광산의 갱내 모습.
원시적인 채굴 방식 때문에 많은 인명 피해를 냈다.

부해지자 소비 심리가 자극된 나머지 너무나도 많은 돈을 써 버렸거든. 사치품은 물론 생활필수품까지 외국에서 수입해다 쓰느라 금과 은은 들어오는 족족 다른 나라로 빠져나가기 바빴어. 결국 스페인은 아메리카의 금과 은을 유럽의 다른 나라들로 옮겨 주는 다리 역할을 한 데 지나지 않았지.

한 나라의 경제가 잘 돌아가려면 농사를 짓거나 물고기를 잡거나 양을 기르는 등 실제 생산물이 늘어야 하는데, 스페인은 황금과 은을 흥청망청 쓸 줄만 알았지 실질적인 부(富)를 일으키거나 축적할 줄은 몰랐거든. 장기적인 시각으로 본다면 1608년 당시의 스페인에

서는 황금과 은이 오히려 독약이 되었다는 걸 알 수 있어.

스페인의 경제가 나빠진 데는 관용을 모르는 정책도 한몫했어. 펠리페 2세가 집권하기 전부터 스페인은 그들 스스로는 레콘키스타라고 부르는, 이슬람 세력을 몰아내고 가톨릭 국가의 영토를 늘리는 일에 골몰해 왔어. '레콘키스타(Reconquista)'는 재정복이라는 뜻이지만 이슬람 쪽에서 보면 '다시 쫓겨남'이라는 말이 맞을 거야. 아무튼 펠리페 2세가 집권하기 전인 1492년에 스페인은 마지막 이슬람 국가였던 그라나다 왕국을 함락했어. 스페인은 영토를 넓히는 동시에 스페인 땅에 남아 있던 유대교도와 이슬람교도를 대대적으로 쫓아냈지. 그런데 이들은 지난 수백 년간 문화와 경제에 활기를 불어넣은 지식인 집단이었거든. 그런 사람들이 대규모로 스페인 땅에서 자취를 감춘 셈이 되었지.

우수한 교육을 통해 과학과 경제 분야에서 뛰어난 성과를 이루었던 이 민족들이 대거 쫓겨났으니 스페인은 혁신을 추구할 엘리트들을 잃은 거야. 스페인의 상업 중심지에서 그들이 떠난 빈자리는 독일, 네덜란드 등 유럽 각국에서 온 상인과 금융가들이 채웠는데, 그들은 스페인에서 벌어들인 부를 자기네 나라로 가져가는 게 주 관심사였어. 순수한 혈통과 종교만 고집하고 다른 문화를 냉혹하게 배척했던 스페인의 관용 없는 순혈주의가 스스로 불행을 불러들인 꼴이 되었지.

끊임없는 전쟁도 경제를 악화시킨 큰 요인이었어. 스페인은 사실 카를 5세 때부터 프랑스와 전쟁을 벌이느라 빚이 많았어. 그런 데다 펠리페 2세 역시 광대한 식민지를 유지하기 위해, 그리고 가톨릭교를 고수하고 전파하기 위해 끊임없이 전쟁을 벌였던 거야. 오스만 제국과 벌인 레판토 해전, 신교도가 많은 네덜란드의 반란을 진압하기 위한 전쟁, 스페인의 통치를 거부하는 포르투갈과의 전투 등 스페인은 숱한 전쟁을 치르고 반란을 진압하느라 국고를 쏟아붓고 있었어. 전쟁에는 막대한 비용이 들잖아. 병사 훈련에서부터 전투 식량이며 갑옷과 총 등의 장비 마련까지, 결국은 모든 게 돈과 관련되어 있지 않겠니? 잦은 전쟁으로 스페인의 국고는 바닥났어. 게다가 펠리페 2세는 언제든지 전쟁에 동원할 수 있도록 훈련된 군대를 조직해 놓으려고 했어. 이런 직업 군인 제도를 상비군 제도라고 하는데, 주로 가난한 사람들에게 돈을 주고 고용하는 방식이었지. 하지만 군대의 규모가 커지니 돈이 점점 많이 들었겠지? 게다가 궁정 생활에 드는 비용이며 무적함대의 비용까지 감당해야 했으니, 재산과 재물이 아무리 많아도 스페인의 재정 상태를 뒷받침할 수 없었어. 밑 빠진 독에 물 붓는 격이랄까. 그러니 스페인 국왕 펠리페 2세가 늘 돈 걱정에 시달린 것도 당연해. 당대 최강 제국의 왕이었지만 빛 좋은 개살구 신세였지.

스페인의 무적함대, 영국에 참패하다

펠리페 2세는 1588년 영국과 큰 전투를 벌였어. 아, 그런데 이때는 영국이 많은 나라를 식민지로 삼고 '대영 제국' 노릇을 하기 한참 전이라는 걸 고려해야 해. 오히려 스페인이 강대국이었고, 영국은 떠오르는 신예 강자였지. 그럼 왜 영국과 싸웠을까? 가톨릭을 믿는 스페인은 국교회가 있던 영국과 종교적인 면에서 충돌할 수밖에 없었어. 그리고 그 외에도 다른 여러 이유가 있었지. 그 무렵 영국에는 드레이크라는 유명한 해적이 있었거든. 라틴 아메리카에서 스페인으로 금과 은을 수송하는 배를 자주 약탈했는데, 펠리페 2세의 입장에서는 눈엣가시였겠지. 그래서 그는 이 해적을 잡아 달라고 영국에 요청했어. 그런데 영국 왕 엘리자베스 1세는 오히려 드레이크에게 기사 작위를 내리며 해적질을 공식적으로 허락해 버렸지. 엘리자베스 여왕으로서는 그 편이 국부를 늘리는 방법이라고 생각했던 거야. 펠리페 2세는 부인인 메리 여왕이 병으로 죽자 엘리자베스 1세에게 정략적으로 결혼을 청한 적도 있었어. 그런데 메리는 엘리자베스의 배다른 언니였거든. 지금 우리들로서는 상상이 잘 안 되지만, 그 당시에는 이런 일이 가능했던가 봐. 어쨌든 엘리자베스 여왕은 "나는 이미 국가와 결혼했다."라는 말을 남기면서 이 청혼을 거절했대. 정치적으로도 계산된 행동이겠지만, 이때 그녀는 영국 국교회를 믿고 있었기 때문에 가톨릭을 지키려는 펠리페 2세와 종교적인 면에서도 충돌할 수밖에 없었지.

펠리페 2세와 엘리자베스 1세의 악연은 그 후로도 계속되었어. 영국이 스페인에서 독립하려는 네덜란드의 개신교 세력을 지원했거든. 게다가 영국은 가톨릭 신자이던 스코틀랜드의 메리 여왕을 반역 혐의로 처형했는데, 가톨릭의 수호자를 자처하던 펠리페 2세로서는 더 이상 가만히 있을 수 없었어. 스페인은 무적함대라는 강력한 군사력이 있으니까 승리를 자신했지. 어쨌든 1588년의 이 싸움은 2,000문 이상의 대포로 무장한 130여 척의 스페인 함대가 영국을 향해 도발하면서 시작되었어.

한편 엘리자베스 1세는 스페인의 침공에 대비해서 기동력이 뛰어나고 무장을 갖춘 함대를 준비해 놓았어. 여기에는 능수능란한 해적 드레이크를 비롯해 항해에 잔뼈가 굵은 선원들이 타고 있었지.

마침내 스페인과 영국의 한판 승부가 벌어졌는데, 생각보다 싱거운 결과가 나왔어. 영국이 압승했거든. 스페인이 이 전투에서 진 이유는, 변덕스러운 날씨 탓이기도 하지만 워낙 승리를 자신한 스페인이 계획을 부실하게 세웠기 때문이기도 해. 네덜란드에서 출발해 합류하기로 했던 육군과의 약속도 틀어지고 말았지. 영국 해협에서 벌어진 이 전투에서 무적함대는 크게 패하고 스페인으로 후퇴했어. 설상가상으로 도망치는 과정에서 더 많은 배를 잃어 스페인으로 돌아왔을 때는 출발할 때의 절반 정도로 함선이 줄어 있었대.

무적함대의 패배는 스페인의 명성에 먹칠을 했고, 펠리페 2세의 권력에도 큰 타격을 주었어. 그렇다고 해서 스페인이 바로 망한 건 아니야. 부자는 망해도 3년을 간다는 속담도 있잖아? 이후로도 스페인은 영국과 여러 차례 충돌했지만 1603년까지 단 하나의 식민지도 뺏기지 않았거든. 그러니 무적함대가 패배했다고 해서 바로 스페인이 멸망하고 영국이 번영했다고 말하기는 힘들지. 하지만 무적함대의 패배는 스페인의 사기를 꺾어 놓기에 충분했어. 특히나 정신적인 면에서 큰 타격이었지. 펠리페 2세가 당시의 전쟁을 신교도를 제압

스페인의 자랑이던 무적함대. 오스만 제국과 맞닥뜨린 레판토 해전에서 크게 승리한 뒤로 무적함대라 불렸으나 훗날 영국과의 해전에서 참패함으로써 빛을 잃었다.

하기 위한 종교 전쟁이라고 정의한 것을 생각하면 더욱 그럴 거야. 그 시절은 오늘날과 비교가 되지 않을 정도로 종교가 일상의 모든 것을 지배하던 때이다 보니, 전쟁 중의 갑작스러운 궂은 날씨와 이상한 폭풍도 단순한 기후가 아니라 하나의 상징처럼 여겨졌어. 신이 누구의 편인가를 확인하는 잣대처럼 해석되었던 거야. 신이 기이한 힘을 지닌 바람을 보내서 스페인(가톨릭)이 아닌 영국(신교)을 도왔다는 해석이 스페인 사람들의 기운을 빼 놓았거든. 자신감을 잃은 스페인은 점차 세력이 수그러들었지.

게다가 앞서 언급한 스페인의 생활상이 다각도로 문제가 되어 스페인은 점차 쇠락해 갔어. 많은 금과 은이 있었음에도 산업을 일으키지 못했던 것, 가톨릭 신자들이 순혈주의를 내세워 무슬림과 유대교인들을 내쫓아 사회의 지식층과 산업의 우수한 두뇌를 떠나게 만든 것 등 말이야. 이후 유럽의 주도권을 스페인이 한 수 아래로 보았던 영국과 네덜란드가 쥐게 되니, 참 앞일은 알 수 없지.

진시황, 루이 14세, 펠리페 2세……. 강력한 왕이 다스리는 강대국들의 전성기는 의외로 짧게 끝나 버리는 것 같아. 그런 경우들을 곰곰이 들여다보면, 대부분 가장 빛나는 순간에 이미 몰락의 싹을 틔우고 있었다는 생각도 들어. 그래서 잘나갈 때일수록 한 번 더 뒤를 돌아봐야 하는 법인가 봐.

펠리페 2세는 제국 스페인의 왕으로 영광과 권력을 차지했지만, 네 번이나 나라의 파산을 선언하는 등 고단한 인생을 살았어. 게다가 네 명의 왕비와 자식들까지 줄줄이 병으로 잃을 정도로 개인적인 삶 또한 행복과는 거리가 멀었지.

여러 곳을 돌아다니거나 앞으로 나서기를 꺼리고 대체로 집무실에 틀어박혀 공무에만 집중해서 '서류왕'이라 불렸다는 펠리페 2세. 소박한 검은 옷을 입은 그의 초상화를 다시 들여다보렴. 왕답지 않게 어둡고 우울한 인상과 복장이 좀 더 이해될 것 같지?

크롬웰과 청교도 혁명

검은 옷을 즐겨 입었을 뿐 아니라 다른 사람들에게 입기를 강요했

던 사람도 있어. 17세기 영국의 올리버 크롬웰(Oliver Cromwell)이라는 인물인데, 이번에는 이 사람에 대한 이야기를 들려줄게.

크롬웰은 나이 마흔이 될 때까지는 별다른 기록이 없어. 케임브리지 대학에서 공부했다는 게 알려진 전부야. 마흔 넘어 의회에 몸을 담은 후에도 한동안은 눈에 띄지 않는 사람이었지. 하지만 철저한 청교도였던 그가 보기에 왕이 하는 짓은 참을 수 없는 것이었어. 당시 찰스 1세는 왕의 권한이 신으로부터 나온다며 절대적 권력을 주장하고, 세금을 더 걷겠다며 의회를 소집했다가 자기 마음대로 되지 않으면 의회 문을 닫기도 했거든. 크롬웰은 도저히 견딜 수 없게 되자 군대를 모집했지. 그러고는 '철기군'을 편성해서 철저하게 훈련시켰어. 그는 뛰어난 용병술과 지도력을 발휘해 왕당파와 의회파 사이의 전쟁을 의회파의 승리로 이끌었어. 마음이 급해진 찰스 1세는 스코틀랜드로 도망쳤지만, 장로교를 믿는 스코틀랜드 사람들에게 찰스 1세는 영국 성공회를 믿으라고 압박했던 전적이 있는지라 보호해 주고 싶은 생각이 들지 않는 존재였지. 그래서 스코틀랜드 사람들은 40만 파운드를 받고 찰스 1세를 영국 의회파의 손에 넘겨 버렸어. 크롬웰은 단호하게 대처했어. 공화제를 실시하기 위해서는 국왕이 없어야 하니까 죄를 물어 왕을 처형하자고 했지. 많은 사람들이 그건 좀 심하다고 생각했지만 결국 크롬웰의 의견대로 국왕은 참수됐어. 유럽 국가들은 경악했지만 크롬웰은 끄떡하지 않았지.

1649년 찰스 1세를 처형한 크롬웰은 왕 대신 의회가 나라를 지배하기를 바랐고, 실제로 초창기에는 그런 정책을 펼쳤어. 사람들은

1649년 1월 30일 화이트홀 궁전 앞에서 이루어진 찰스 1세의 처형.
이 사건은 의회 세력이 국왕을 처형한 최초의 사례로, 전 유럽을 경악하게 했다.

크롬웰에게 왕의 자리에 오르라고 권했지. 크롬웰은 단호히 거절했어. 왕 없이 의회의 권한을 키운 공화국으로 나아가야 한다면서 말이지. 그런데 딱 여기까지였어. 크롬웰은 의회와 국민, 역사를 위하는 청렴하고 의협심 많은 사람이었지만 점점 이상하게 변해 갔단다. 새로운 의회를 구성하기 위한 선거에 의원들이 동의하지 않자, 크롬웰은 의원들을 집으로 보내 버리고는 '호국경'(Lord Protector)이라는 자리를 스스로 만들더니 1653년부터는 직접 나라를 지배했어. 왕의 목을 베고 왕정을 끝냈지만 예전의 왕과 다름없는 권력을 행사했던

거지. 호국경이라는 말은 우리 식으로 번역한 것인데, '나라를 보호하는 자'라는 뜻이니까 참 근사하지. 그런데 하는 짓을 보니 이전에 크롬웰이 이를 갈던 왕들과 다를 게 전혀 없지 뭐니? 독단에 독선에 독재에……. 찰스 1세가 마음대로 의회 문을 닫은 데 분노했던 크롬웰이지만 그 역시 호국경이 되고 나서는 마음에 들지 않는다는 이유로 의석 3분의 2에 해당하는 의원들을 집으로 돌려보내고 자신의 입맛에 맞는 자들로 채워 넣었어. 그러고도 마음에 들지 않을 때는 의회를 폐쇄하기도 했지.

그러니 국민들 입장에서야 크롬웰이 다스린다고 해도 전과 다를 바가 없었어. 오히려 꽉 막힌 생활에 전보다 더 숨이 막혔지. 무엇보다 크롬웰은 이전의 많은 풍습을 탄압하고 세세한 것까지 금지하는 정책을 썼거든. 청교도식 생활을 강제로 밀어붙이다 보니 그렇게 된 거야.

크리스마스 특별 요리도 금지, 화려한 색 옷도 금지!

청교도들은 성경에 나오는 예수의 소박한 삶을 본받아 자신들도 그렇게 살아야 한다고 여겼어. 연극이나 도박, 술, 놀이 등 쾌락을 느끼게 하는 모든 활동을 좋지 않은 것으로 생각했고, 철저한 금욕주의를 내세웠지. 사실 소박한 삶이라는 가치를 추구하는 건 문제될 게 없어. 문제는 그 도가 지나쳤다는 거야. 모든 사람들이 똑같이 성경에 바탕을 두고 그대로 따라야 한다고 주장했거든. 그래서 그들은 밝고 화려한 옷을 벗고 칙칙하고 밋밋한 검은색 위주의 옷을 입었어. 남성들은 검은 모자에 검은 옷을 입고 머리카락을 짧게 깎았지. 여성들은 목부터 발끝까지 온몸을 덮는 길고 검은 드레스를 입었어. 그 위에 흰 앞치마를 입고, 머리카락은 하얀 머릿수건 뒤에서 묶어 올려야 했지. 화장도 할 수 없었어. 그뿐만이 아니야. 형형색색 화려한 교회의 스테인드글라스를 부수고 그 자리에 평범한 유리를 끼웠어. 아름다운 목공예품과 성상들도 파괴하고, 납으로 만든 장식물은 녹여서 총알로 바꾸었어. 조각상은 물론 촛대나 오르간도 없애고, 더 이상 교회의 종도 울리지 않았지. 눈도 귀도 즐거울 일이 없어진 거야. 대대로 전해 내려오던 영국 왕실의 왕관과 보물도 크롬웰이 호화롭고 사치스럽다며 없애 버렸어.

청교도들은 죽어서 천국에 가려면 열심히 일해야 한다고 믿었어. 그래서 쾌락을 주는 오락거리들을 철저하게 외면했지. 많은 여인숙과 극장이 문을 닫았고, 운동 경기도 대부분 금지되었어. 찬송가를 제외한 그 어떤 노래도 부르지 못하게 했고, 일요일에 아이들이 공놀이를 하거나 부녀자들이 바느질을 하는 것조차 금지시켰을 정도야. 그러니 국민들의 불만은 이만저만이 아니었겠지.

게다가 즐거운 축제도 없어졌어. 그 대신 청교도들은 한 달에 한 번 '패스트 데이(fast day)'라는 걸 지켰대. 바로 단식일이야. 그날은 아무것도 먹지 않아야 했지. 심지어 크리스마스도 더 이상 예전 같지 않았어. 당시에는 크리스마스 때 붉은 열매가 달린 나뭇가지로 집을 장식했는데, 청교도들은 그런 것조차 죄라고 여겼대. 게다가 런던의 병사들은 크리스마스 만찬을 준비하는 냄새가 나는지 거리를 돌아다니며 감시하도록 명령을 받았지.

어때, 크롬웰이 집권하던 시기의 영국 국민들이 얼마나 답답했을지 상상이 되지? 쉬는 날 산책하고 축구를 하는 것까지 처벌하고 크리스마스 때 특별 요리를 못 먹도록 병사들이 순찰을 했다니, 정말이지 숨 쉬는 것마저 눈치를 봐야 했을 거야.

강요된 검소함은 오래갈 수 없다

원래 이렇게 금욕적인 생활을 강제한 데에는 그만한 이유가 있었어. 도덕적인 생활을 하게 하고, 상업적이고 세속화된 종교 기념일들을 성경에 토대를 둔 영적인 시간으로 바꾸려는 의도가 있었겠지. 하지만 엄격한 규율 탓에 백성들은 점점 더 청교도에 등을 돌렸어. 지나친 규율은 억압이 되기 마련이거든. 내가 좋아서 따르는 것이면 몰라도 다른 사람이 강요하는 건 문제가 다르지.

게다가 한 가지 더 사람들을 자극한 게 있었어. 그렇게 엄격한 생활을 강조하던 크롬웰이 정작 자신에게는 전혀 엄격하지 않았다는 거야. 평소에 술과 음악을 즐기고, 볼링 비슷한 놀이는 물론 사냥도 했대. 심지어 딸의 결혼식에서는 바이올린을 연주하고 춤도 추었지. 솔선수범해도 모자랄 판에 오히려 자신은 있는 대로 즐기면서 지냈으니 누가 크롬웰을 존경하며 그 뜻에 따르겠니?

크롬웰이 죽은 뒤에는 그의 아들 리처드가 2대 호국경의 자리에 올랐지만 그다지 인정받지 못했지. 크롬웰과 청교도의 지나친 억압에 넌덜머리가 났던 영국 사람들은 차라리 왕이 있는 게 낫겠다 싶었던지 다시 왕을 모셔 왔어. 찰스 2세였지. 이름만 봐도 짐작하겠지만 그는 크롬웰이 찰스 1세를 참수할 때 외국으로 피신해 있던 그의 아들이야. 그렇게 다시 왕을 모시는 생활을 하기로 하면서 청교도 혁명은 막을 내리게 돼. 찰스 2세는 크리스마스를 부활시켜 인기를 얻었다고 해. 크롬웰 때와 달리 종교적 관용과 자유를 인정해 준 셈이니 당연한 일이었지.

왕위에 오른 찰스 2세는 아버지의 원수인 크롬웰에게 복수했어. 죽은 사람에게 어떻게 복수했느냐고? 크롬웰의 시체를 무덤에서 파내 목을 잘라 그 머리를 의회 바깥에 높이 내걸었다는 거야. 크롬웰의 머리는 비를 맞고 바람에 흔들리며 자그마치 20년을 매달려 있었대. 이 정도면 원 없이 복수한 셈이지?

그런데 왜 사람들은 권력을 쥐면 예전과 딴판으로 돌변하는 걸까? 아프리카의 독립을 위해 애썼던 정치가들이 정작 나라가 독립을 이루고 대통령으로 당선된 이후에는 탐욕스러운 독재자가 되어 국민들을 억압하고 수탈하는 사례가 많았던 것처럼, 크롬웰도 마찬가지였어. 그토록 바른 생활을 주장하던 사람이, 의회의 권익을 위하고 왕의 횡포를 반대하던 그가, 점차 자신이 미워하던 찰스 1세와 똑같은 모습으로 변해 갔잖아. 왕위를 거부했다고 해도 '호국경'이라고 이름만 바꾸었을 뿐 왕과 다름없는 무소불위의 권력을 휘둘렀는걸, 뭐.

군대를 통솔하는 능력도 뛰어났고, 과감함과 추진력으로 왕정을 폐지한 데다 항해 조례로 영국이 부강해질 조건도 마련한 그였지만 국민들은 그에게서 등을 돌렸어. 겨우 5년 집권했을 뿐인데, 길지 않은 기간에 그렇게 많은 사람의 원망을 사기도 쉽지 않겠다 싶어.

"그 사람의 됨됨이를 시험해 보려면 그에게 권력을 주어 보라."라고 말했던 링컨 대통령의 말이 생각나. 그만큼 권력자는 대중의 목소리에 둔감해지기 쉬운 법인가 봐. 높은 자리에 올랐을 때도 스스로 삼가고 통제하는 사람만이 진정한 지도자로 역사에 남을 수 있겠지.

트렌치코트

전쟁의 참호에서
피어난 멋

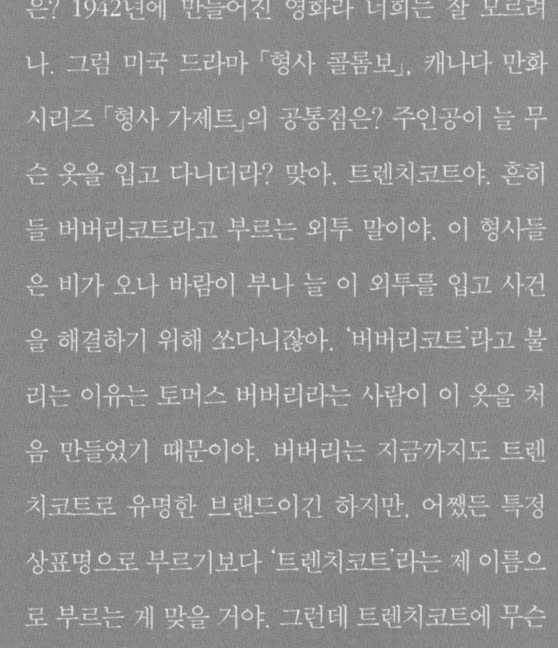

영화 「카사블랑카」에서 험프리 보가트가 입은 옷은? 1942년에 만들어진 영화라 너희는 잘 모르려나. 그럼 미국 드라마 「형사 콜롬보」, 캐나다 만화 시리즈 「형사 가제트」의 공통점은? 주인공이 늘 무슨 옷을 입고 다니더라? 맞아, 트렌치코트야. 흔히들 버버리코트라고 부르는 외투 말이야. 이 형사들은 비가 오나 바람이 부나 늘 이 외투를 입고 사건을 해결하기 위해 쏘다니잖아. '버버리코트'라고 불리는 이유는 토머스 버버리라는 사람이 이 옷을 처음 만들었기 때문이야. 버버리는 지금까지도 트렌치코트로 유명한 브랜드이긴 하지만, 어쨌든 특정 상표명으로 부르기보다 '트렌치코트'라는 제 이름으로 부르는 게 맞을 거야. 그런데 트렌치코트에 무슨 세계사가 들어 있느냐고? '트렌치'라는 이름에 그 비밀이 있지.

참호 속에서 태어난 옷

트렌치(trench)는 바로 '참호'라는 뜻이야. 참호란 전투 중 적의 공격에 대비해서 만드는 방어 시설인데, 구덩이를 죽 이어 파 놓았다고 생각하면 돼. 트렌치코트는 참호 전투를 할 때 입던 옷, 그러니까 군인을 위한 전투용 복장이었던 거야.

이 옷이 만들어진 건 제1차 세계 대전 때였어. 하지만 트렌치코트에 사용되는 옷감은 그보다 먼저 만들어졌지. 1856년 영국의 햄프셔에서 포목상을 연 청년 토머스 버버리는 당시 영국 사람들이 입던 고무 비옷을 대체할 새 옷감을 개발하려고 연구를 시작했대. 비 오는 날 고무 비옷이라니, 정말 갑갑했을 것 같지 않니? 아무튼 버버리는 숱한 실패 끝에 1888년 새로운 옷감을 만드는 데 성공해. '개버딘'이라는 이름이 붙은 이 옷감은 방수 가공된 면실을 촘촘히 짜서 천을 만든 다음 그 위에 다시 방수 가공을 한 것인데, 얇고 가벼운 데다 공기는 통하면서도 습기는 배어들지 않아서 크게 인기를 모았

아문센 일행이 개버딘 천으로 만든 텐트 위에 꽂힌 노르웨이 국기를 바라보고 있다.
버버리는 아문센 탐험대에 개버딘 천으로 만든 방한복과 텐트를 지원했다.

어. 이 새로운 옷감은 탐험가들과 비행사들도 선호했지. 1911년 최초로 남극점에 닿은 노르웨이의 탐험가 로알 아문센도 개버딘 소재의 텐트와 방한복을 입고 극지방을 여행했다고 해.

트렌치코트의 모태라 할 방수복이 등장한 것은 1899년에 남아프리카에서 일어난 보어 전쟁 때였어. 남아프리카에 폭우가 쏟아지면서 전쟁이 불리하게 돌아가자 영국군이 버버리 사(社)에 대량의 방수복을 주문했거든. 영국 장교들을 위해 만들어진 '타일로켄'이라는 군용 방수 코트는 오른쪽 그림에 보이는 것처럼 단추 없이 벨트로 코트를 여미는 디자인이었어. 지금의 트렌치코트와 비슷하지?

1914년 6월 28일, 오스트리아·헝가리 제국의 황태자 부부가 보스니아의 수도 사라예보에서 한 청년에게 저격당하는 사건이 일어났어. 이른바 사라예보의 총성이라고 부르는 일이었지. 이 청년은 보

영국 장교들을 위해 만들어진 군용 코트 '타일로켄'을 소개하는 버버리의 광고.

스니아의 이웃 나라인 세르비아 사람으로, 세르비아 인들이 많이 살던 보스니아를 세르비아 제국으로 합치려고 계획하던 비밀 결사대였어. 보스니아가 오스트리아에게 병합되자 오스트리아 제국의 황제 가문에 테러를 감행한 거야. 이로부터 한 달 뒤인 1914년 7월 28일, 오스트리아·헝가리 제국이 세르비아에 선전 포고를 하면서 이 사건은 큰 전쟁으로 번졌어. 유럽의 여러 나라가 이 전쟁에 휘말렸지.

1918년 11월 11일 독일의 항복으로 끝날 때까지 무려 4년 동안이나 유럽 대륙 전체를 두려움에 떨게 했지.

처음에는 금방 끝날 줄 알았던 이 전쟁이 4년 동안이나 이어지며 '제1차 세계 대전'으로까지 불리게 된 데는 유럽 여러 나라의 야욕이 충돌한 것 외에 참호전이라는 전투 방식도 한몫했어. 지리한 이 싸움 방식은 프랑스의 '마른'이라는 지역에서 시작되었지. 진격하려는 독일군과 저지하려는 프랑스군이 한 치의 양보도 없이 서로 대치했는데, 양측 무기가 모두 화력이 막강해서 그대로 돌격했다가는 크게 다칠 게 뻔했거든. 그래서 일단 기동성은 포기한 채 적의 공격으로부터 스스로를 보호하기 위해 땅에 깊은 구덩이를 길게 파고 그 속에 몸을 숨겼어. 그렇게 길게 파 놓은 구덩이가 바로 참호, 트렌치였지. '땅을 길게 팠나 보다.' 하고 대수롭지 않게 넘길 일이 아니야. 그 상황을 머릿속에 그려 보면 병사들이 겪어야 했던 공포와 고통을 가늠해 볼 수 있거든. 참호의 모습을 한번 상상해 볼까? 일단 구덩이를 깊게 파고 거기서 나온 흙으로 참호 주변에 벽을 쌓는 거야. 적으로부터 가려 줄 방어물을 만들어야 하니까. 그런 다음 사격을 하기 좋게 곳곳에 발판을 만들었어. 바닥에는 물이 고이니까 판자를 깔았지. 그것이 일반적인 모습의 참호야.

참호는 말로 표현하기 힘들 정도로 지저분했어. 땅속에서 물기가 배어 나와 질척했지. 비가 오거나 눈이라도 쌓였다 녹으면 그게 다 흥건하게 고이지 않았겠니? 참호 속에서 젖은 양말과 군화를 신고 오래 있다 보면 발이 부르트고 피부병이 생기고 심하면 발이 썩기도

제1차 세계 대전 당시 참호의 모습.
참호는 비가 오면 물이 고이는 등 위험하고 열악한 환경이었지만
군인들은 이 안에서 잠을 자고 편지도 쓰며 삶을 이어 나가야 했다.

했어. 격렬한 전투 끝에 곁에서 같이 싸우던 전우가 적의 총을 맞고 쓰러지면 두고두고 땀 냄새, 피 냄새, 시체 썩는 냄새가 진동했지. 살아남은 병사의 몸에는 이가 들끓었고, 살진 쥐들이 참호 속을 오가며 시체를 파먹기도 했어.

그러한 열악한 환경에 적응하고 버티기 위해 제작되고 지급된 옷이 트렌치코트였던 거야. 1914년 제1차 세계 대전이 일어나자 버버리는 새로운 전투 환경에 적합한 옷을 개발했어. 개버딘 천을 사용하되, 앞판에 단추가 쌍으로 달려 있는 모양이었고 바람의 방향에 따라 앞가슴을 여미는 방법을 달리할 수 있도록 만들었지. 허리와 소매에는 끈이 있어서 조일 수 있고, 어깨에는 견장을 달 수 있게 하고 벨트에는 수류탄을 매달 수 있도록 쇠로 된 D자 모양의 고리를 달았어. 트렌치코트는 방수가 되고 체온 유지에도 좋아 참호에서는 더할 나위 없이 유용했어. 눈 내리는 겨울은 물론 한기가 으슬으슬 느껴지는 봄가을 새벽녘에도 몸을 덥힐 수 있었으니까. 전쟁 중에는 영국에서 군용으로 납품되었지만, 우수한 기능이 세계적으로 알려지면서 트렌치코트는 전쟁이 끝난 후 일상에서 즐겨 입는 옷이 된 거란다.

탱크와 기관총, 1차 대전의 신무기

제1차 세계 대전이 벌어지던 당시에는 이 전쟁을 그냥 '큰 전쟁'(Great War)이라고 불렀어. 오늘날에야 제1차 세계 대전, 제2차 세계

대전 이런 식으로 부르지만 처음 이 전쟁이 일어났을 때는 뒤이어 그렇게 대규모의 전쟁이 또 벌어질 거라고는 상상하지 못했으니까. 다만 전과 달리 엄청나게 큰 규모의 전쟁이 터졌다는 인식은 있었던 거야.

그런데 왜 이때의 전쟁은 전과 달리 엄청난 규모가 되었을까? 전사자 900만 명에 민간인 희생자 1,000만 명 정도로 추정되는 어마어마한 목숨이 희생된 데에는 나름의 이유가 있지 않겠니?

우선 개별 국가 간의 전쟁이 아니라 여러 나라가 연합한 전쟁이라는 점을 꼽을 수 있을 거야. 오스트리아·헝가리 제국을 게르만 민족인 독일이 편들고, 세르비아를 슬라브 민족인 러시아가 편들었지. 이렇게 범게르만 민족 대 범슬라브 민족이라는 민족주의가 작용한 데다 다른 국가들도 이해타산과 명분에 따라 연합국 대 동맹국으로 패가 갈렸거든. 하지만 대규모 살상전이 된 제일 큰 이유는 과학 기술이 발달하면서 점점 더 치명적인 무기가 개발되고 사용된 탓일 거야. 탱크, 화학 무기, 잠수함, 비행기가 제1차 세계 대전 중에 등장했어. 기관총도 널리 사용되었고. 이런 무기들이 파괴력을 더해 가면서 이에 비례해서 인명 피해도 더 커졌지.

참호전은 서부 전선에서 최고조에 달했어. 서부 전선은 벨기에의 해안에서부터 프랑스의 북동부를 가로질러 스위스까지 뻗은 길디긴 대치선이었지. 그 참호들 속에서 수백만 명의 군인들이 대치한 채 탈출구 없는 지옥을 겪었어. 포격이 멈출라치면 보병이 중간의 무인지대를 지나서 적군 코앞까지 나아가 다시 포격을 하고, 그다음에는 상대편이 참호 밖으로 나와 기관총에서 불을 뿜으며 상대를 쓰러뜨리는 식이었지. 레마르크라는 독일 작가는 열여덟 살 때 징집되어 서부 전선에 배치되었다가 부상으로 제대한 자신의 경험을 토대로 해서 『서부 전선 이상 없다』라는 소설을 썼어. 전쟁이 얼마나 끔찍한지, 평화를 왜 지켜야 하는지 이 소설을 읽어 보면 생생하게 깨달을 수 있을 거야.

참호 안 생활은 귀가 먹먹해지는 소음과 불편, 피곤과 공포가 뒤범벅된 것이었다고 해. 전투 없이 조용한 날에는 병사들이 경계 보초를 서면서 틈틈이 방공호에 모래주머니를 쌓아 올리고 그 속에서 잠시 쉬었어. 그러다 공격이 시작되면 모두들 꼭대기로 뛰어올라가서 전투에 참여했지. 참호 밖으로 뛰어나와 공격하는 행위는 어두운 밤에도 위험했고, 환한 낮에는 말할 필요도 없었어. 거의 자살 행위에 가까웠다고 할까.

그런데 이런 참호전에 종말을 고한 일등 공신이 나타났어. 바로 탱크야. 전쟁 무기에 '일등 공신'이라는 말을 붙이자니 기분이 좀 이상하다. 아무튼 새로운 전투 장갑 차량인 탱크는 이후의 전투 양상을 크게 바꿔 놓게 돼.

트랙으로 불리는 2개의 순환 쇠사슬로 움직이는 이 탱크는 울퉁불퉁한 지면을 넘어 철조망까지 뚫고 나갈 수 있었어. 참호에서 퍼붓는 기관총과 소총 세례에도 끄떡없었지. 오른쪽 사진을 보면 어쩐지 농업용 트랙터가 연상되지 않니? 맞아, 트랙터에서 아이디어를 빌려 왔다고 해. 1915년 7월 영국에서 만들었는데, 넓은 참호를 넘어

올챙이 꼬리를 한 영국제 탱크 마크 4. 제1차 세계 대전 중이던 1917년에 도입되어 사용되었다. 힌덴부르크 전선의 넓은 참호를 가로질러 가기 위해 꼭 필요한 무기였다.

갈 수 있도록 설계되었어. 참호로 인해 교착 상태에 빠진 전황이 아이러니하게도 현대식 무기 탱크를 발명하게 된 원동력이었지.

제1차 세계 대전 때는 기관총도 널리 사용되었는데, 맥심 기관총이 대표적이야. 미국에서 태어나 영국으로 귀화한 하이럼 맥심이라는 사람이 만들었는데, 그 공로를 인정받아 영국 여왕에게서 귀족 작위를 받았다고 해. 1889년 영국군에 이어 1898년 스위스군에 배치된 맥심 기관총은 제1차 세계 대전 때는 모든 참전국의 필수 무기로 보급되어서 널리 쓰였어.

이전까지 주로 쓰이던 소총은 한 번 총을 쏘고 나면 총알을 장전한 뒤에야 다시 쏠 수 있었지만, 기관총은 총알이 연이어 나오는 방식이기 때문에 파괴력이 엄청났지. 사실 제1차 세계 대전이 참호전 양상으로 진행된 것도 기관총이나 포탄의 공격을 피하기 위해서였어. 그런데 이 전쟁에서는 기관총보다, 탱크보다 더 무서운 무기도 만들어졌어.

독가스를 개발한 독일의 화학자 프리츠 하버.

죽음의 가스가 살포되다

그건 바로 참호전을 위해 개발된 화학 무기, 독가스야. 양군이 기관총이나 포탄 공격이 두려워 참호 속에만 있으니, 전쟁에 속도가 붙지 않았지. 그래서 상대방 쪽으로 독가스를 쏘아 참호 속에 웅크린 적을 모두 죽이겠다는 계산이 섰던 거야. 독가스를 처음 개발한 과학자는 프리츠 하버(Fritz Haber)인데, 그에게는 '두 얼굴의 과학자'라는 별칭이 따라다녀.

사실 세상이 평화롭기만 했다면, 전쟁이 일어나지 않았더라면 우리는 하버를 굶주림에서 벗어나게 한 과학자나 식량난을 해결한 화학자로 기억할 수도 있었을 거야. 독일의 물리 화학자였던 하버는

카를 보슈와 함께 당시 대표적인 비료였던 암모니아를 대량으로 생산하는 방법인 하버·보슈법을 고안했거든. 하버는 비료 회사와 합작해서 하루 20톤 이상의 암모니아를 생산하기에 이르렀지. 그래서 그는 '인류의 식량난을 해결한 과학자'라는 영광스러운 칭호를 얻게 되었어. 그 공로를 인정받아 1918년 노벨 화학상도 받았는데 당시 이를 반대하는 여론이 거셌다고 해. 하버가 살상용 무기인 독가스 개발에 앞장섰기 때문이야.

1차 대전 중이던 1915년 4월 22일은 인류 최초로 독가스가 살포된 날이야. 독일군은 지금의 벨기에 땅인 예페르(Ieper), 프랑스 식으로 읽으면 이프르(Ypres)라는 곳에서 프랑스군과 캐나다군을 상대로

가스에 노출되어 눈을 다친 영국 병사들이 소독하기 위해 줄지어 선 모습. 1918년 4월.

염소 가스를 살포해 5,000명의 희생자를 낳았어. 역사상 최초로 이루어진 이 대규모 화학 무기의 사용을 감독한 사람이 바로 하버였어. 염소는 독성이 강한 데다 널리 퍼져 나가는 성질이 있지. 하버는 염소 외에도 비소, 청산 등 다양한 유기 화합물을 독가스로 활용했는데, 그는 화학 약품을 이용해서 사람을 죽이는 것이 다른 무기를 써서 사람을 죽이는 것보다 나쁘지는 않다고 주장했대. 오히려 그는 화학 무기 사용이 전쟁을 단축시킬 것이라고 보았다고 해.• 이는 훗날 제2차 세계 대전 때 히로시마에 핵무기를 투하하면서 연합국이 했던 주장을 떠올리게 하지.

독일군이 독가스를 사용한 이후로 더 이상 '신사적인 전쟁'은 없다는 것이 자명해졌어. 가스 공격을 실시한 다음 날 독일 제3군 사령관 아이넴마저 "전쟁은 이제 기사도와는 전혀 관계가 없어졌다."라고 시인할 정도였지.••

독가스 덕분에 전세는 독일 쪽으로 기우는 듯 보였어. 하지만 연합군에서도 방독면을 만들어서 공격에 대비하는 한편, 자기들도 급히 독가스를 개발하기 시작했지. 결국 양측 모두 이 살인 가스를 사용하는 지경에 이르렀어. 독가스로 목숨을 잃은 병사는 양측에서 10만 명이나 되고, 그 10배가 넘는 수가 전쟁이 끝난 후에도 후유증으로 끔찍한 고통 속에 살아야 했어.

• 톰 스탠디지 『식량의 세계사』, 박중서 옮김, 웅진지식하우스 2012, 294면.
•• 매슈 휴스·윌리엄 J. 필포트 『제1차 세계 대전』, 나종남·정상협 옮김, 생각의나무 2008, 98면.

하버의 독가스는 훗날 히틀러 정권이 수백만 명의 유대인을 죽음으로 내모는 데 쓰이기도 했는데, 생전의 하버가 독일인임을 자랑스럽게 여겼지만 사실은 유대인이었던 걸 생각하면 아이러니가 아닐 수 없지.

젊은이들, 스러지다

유럽을 여행하다 보면 시골에 자그마한 기념비가 서 있는 경우를 자주 볼 수 있어. 몇 년 전, 오스트리아의 작은 마을들을 여행하다가 엄마도 발견한 적이 있거든. 독일어를 모르니 지나가는 마을 사람들을 붙들고 물어봤어. "무슨 기념물인가요?" 하고 질문을 던지면 대개 비슷한 대답이 돌아오곤 했어. "이 마을 젊은이들 아홉 명이 전쟁 나갔다 희생된 걸 기념하는 비석이오." "이 마을 젊은 친구들 열세 명이 1차 대전 때 참전했다가 돌아오지 않아 그들의 혼을 위로하는 위령비를 세웠습니다." 그렇게 마을마다 위령비가 서 있었어.

때로는 젊은이들이 낯선 땅이나 새로운 경험에 대한 설렘과 호기심으로 전장에 나선 경우도 있었다고 해. 젊은이다운 열정, 순수함, 애국심 때문에 자원입대를 한 거야. 일부는 모험과 낭만이라는 전쟁에 대한 환상을 품기도 했을 테고, 무엇보다 애국심과 민족주의가 그들의 마음에 불을 지폈겠지. 『서부 전선 이상 없다』의 주인공 파울 보이머와 급우들처럼, 애국심을 자극하는 선생님의 연설 때문에 한 학급의 학생들 전원이 지역 사령부에 찾아가서 다 함께 자원하는 식이었지. 우리들 눈으로 보면 이해가 되지 않을 정도로 '먼 곳으로 떠나기 위해서'라거나 '우리 마을 친구들이 다들 싸우러 간다고 해서' 등의 이유로 나선 젊은이들도 있었대. 전쟁에 나가 공을 세워 훈장을 받을 꿈을 품고 떠나기도 했지. 이렇게 전쟁에 나선 사람들은 대개 크리스마스 전에 전쟁이 끝날 거라고 생각했어. 그런데 이 전쟁이 4년이나 계속되었고 엄청난 인명 피해를 냈던 거지. 한편 놀라운 사실은 이 전쟁에 참가한 사람들 가운데 특히 아프리카 사람이 많았다는 거야. 어떻게 된 일이었을까?

남의 전쟁에 끌려온 흑인 병사들

아프리카는 제국주의 시대의 영향으로 대륙 전체가 대부분 유럽 국가의 식민지였어. 그래서 유럽에서 제1차 세계 대전이 시작되자 거의 동시에 아프리카 대륙도 이 전쟁에 휘말렸던 거야. 아프리카 대륙에서 벌어진 전투는 대부분 연합국이 독일의 식민지를 장악하려는 과정에서 일어났는데, 연합국과 독일은 자국의 인력과 자원을 동원하는 대신 식민지의 자원과 인력을 끌어다 썼지. 그 까닭에 무고한 아프리카 인의 희생이 뒤따랐던 거야.

그러다 아프리카 사람들은 대륙을 넘어 점차 유럽 전선에 동원되기에 이르렀어. 프랑스 인들의 인명 피해가 천문학적으로 늘자 프랑스가 아프리카 인들을 참호전에도 투입했거든. 1918년 2월 18일, 프랑스의 정치가 클레망소는 상원에서 "프랑스 인 1명을 잃을 바에

는 흑인 10명을 잃는 쪽이 낫다."라고 말했는데, 흑인 병사들에 대한 프랑스 인의 생각을 여실히 보여 주는 태도였지.•

프랑스는 아프리카 대륙뿐 아니라 인도차이나 반도의 여러 나라들도 식민지로 지배하고 있었기 때문에 중부 아프리카와 인도차이나 반도에서도 병사들을 모았어. 하지만 대부분은 서아프리카 식민지들인 세네갈, 말리, 기니, 부르키나파소 등에서 온 병사들이었지. 그들을 뭉뚱그려 '세네갈 보병들'이라 불렀단다.

프랑스군은 이들에게 고향을 떠나 유럽으로 가면 돈을 벌 수 있다고 선전하거나 프랑스 시민권을 주겠다고 약속하면서 입대를 장려했어. 6만 명이 넘는 서아프리카 인이 그에 응했고, 이는 프랑스에서 원한 것의 두 배가 넘는 수였지. 프랑스령 서아프리카 인과 적도부근 아프리카 인을 합쳐 16만 명이 전쟁 동안 유럽에서 싸웠어. 프랑스 제국 전역에서 뽑혀 온 식민지 군대가 50만 명이었던 걸 고려하면 아프리카 출신이 상당수를 차지했다는 걸 알 수 있지. 아프리카 군인 징집에 열정적이던 사람 중에 샤를 망쟁이라는 전직 식민지 장교가 있었는데, 그는 독일군을 상대로 진격할 때 선두에 세네갈 군인들을 세웠어. 망쟁은 아프리카 병사들이 지능이 모자라기 때문에 고통이나 두려움도 덜 느낀다는, 말도 안 되는 인종 차별적 논리를 펼쳤다고 해.

세네갈 군인들은 프랑스 상관의 명령으로 적군의 총탄이 뻔히 보

• 니얼 퍼거슨 『시빌라이제이션』, 구세희·김정희 옮김, 21세기북스 2011, 308면.

제1차 세계 대전에서 프랑스를 위해 싸워야만 했던 세네갈 군인들.

이는 곳을 향해 나아갈 수밖에 없는 처지에 놓이기도 했어. 프랑스 군은 독일군을 겁주기 위해서 아프리카 인들을 이용했거든. 검은 피부에 긴장으로 충혈된 눈을 한 세네갈 보병들의 모습에 독일군이 두려움을 느끼리라 예상했던 거지. 아프리카에서 차출되어 온 병사들이 적군의 총알받이가 되어 쓰러지면 그 희생을 발판 삼아 백인 병사가 기지를 탈환했어. 사랑하는 가족을 먼 고국에 두고 낯선 대륙, 낯선 땅에서 명분도 알 수 없는 전쟁에 휩쓸려 죽어 갔을 그들을 생각하면 가슴이 먹먹해져.

영국은 영국대로 식민지 인도 사람들을 전쟁에 끌어들였어. 아랍 세력을 아군으로 만들기 위해 전쟁에서 이기면 아랍 국가의 독립을 인정하겠다고도 했는데, 이것이 1915년에 이루어진 후사인·맥마흔 협정이야. 그런데 영국의 외무 장관 밸푸어는 전쟁 비용을 마련하기 위해서 유대인들한테 지금 자신들을 도와주면 전쟁이 끝난 뒤 팔레스타인 지역에 유대인 국가를 설립하도록 해 주겠다고 약속했거든. 이것이 1917년에 이루어진 밸푸어 선언이지. 영국은 도저히 동시에 만족시킬 수 없는 두 개의 약속을 했던 거야. 오늘날까지도 팔레스타인 지역에 분쟁이 빈발하고 테러가 발생하는 데는 이런 영국의 이중 계약 탓이 커.

가을날의 정취를 느끼게 해 주는 트렌치코트에서 시작된 이야기가 길어졌지? 운치 있는 트렌치코트에 제1차 세계 대전의 비인간적인 참호전이며 약소민족의 희생과 울분이 담겨 있다니, 우리가 기억해야 할 아픈 역사가 참 많은 것 같아.

마녀의 옷

잔 다르크가 마녀라고?

옷장을 뒤적이다 보니 이런 옷도 있었구나 싶네. 지난해 가을, 핼러윈 때 너희가 입었던 마녀의 망토가 나왔지 뭐야. 핼러윈은 서양의 전통 축제이지만 요즘은 우리나라에서도 많이 즐기고 있어. 이 망토만 해도 친구들과 어울릴 때 기분 낸다며 마련한 거였잖아. 아무래도 어렸을 때 마녀 이야기를 많이 읽고 자라면서 친숙해진 것일까? 『백설공주』에도 나오고 『헨젤과 그레텔』, 『오즈의 마법사』까지, 마녀가 등장하는 이야기책이 참 많아. 그런데 동화 속에서나 있을 것 같은 마녀는 사실 역사 속에 버젓이 존재한 인물들이자 중세 유럽의 중요한 키 워드였어. 어떤 사연이 있었는지 들어 볼래?

저는 마녀가 아니에요!

동화 속의 마녀는 신비한 주문과 마법의 약으로 주인공을 고난에 빠뜨리기도 하고 돕기도 하는 등 굉장한 힘을 지녔지만, 현실 속의 마녀는 초능력은커녕 대체로 가난하고 기댈 데 없는 소외된 존재들이었어. 실제로 중세 유럽에서는 수많은 사람이 마녀로 몰려 고문받았거든. 제대로 항변도 하지 못한 채 숱한 여자들이 힘없이 죽어 갔지.

어떻게 멀쩡한 사람을 마녀로 몰 수 있었느냐고? 마녀로 의심되는 자가 있으면 수색 대원들이 몸부터 살폈대. 점이나 사마귀, 흉터 같은 게 있으면 악마가 이빨로 깨문 자국이라면서 마녀가 틀림없다고 했다는 거야. 하지만 몸에 점이나 흉터 한두 개 없는 사람이 어디 있겠어? 그러니까 한번 의심을 받았다 하면 대부분 마녀로 규정될 수밖에.

마녀라고 의심되는 사람에게 무거운 돌을 매달아서 연못에 던져 보는 경우도 있었대. 몸이 떠오르면 악마가 도운 거라면서 고문을 하고,

가라앉으면 마녀는 아니었다고 결론지었지만 당사자는 이미 익사한 뒤니까 돌이킬 수 없었지. 중세 유럽에서는 이렇게 말도 안 되는 일들이 계속해서 벌어졌어.

엄지손가락을 조이는 고문 도구. 사진은 17세기의 것이다.

종교 재판소에서 자행했던 고문은 이름만 들어도 끔찍한 것들이야. 손가락을 틀에 넣고 조이기, 뜨겁게 달군 쇠 의자에 앉히기, 천장에 매달았다가 바닥으로 떨어뜨리기. 마녀로 몰린 사람들은 이런 고문이 너무나 고통스러워서 자기가 마녀라고 거짓으로 자백할 수밖에 없었대. 견디다 못해 정신이 이상해진 채 죽는 여인이 나올 정도였으니까 말 다했지. 이렇게 끔찍하고 잔인한 마녀사냥이 어떻게 오랜 세월 동안, 유럽 전역에서 광범하게 일어날 수 있었을까?

애꿎은 마녀에게 내려친 망치

중세의 유럽은 여러모로 암울했어. 심각한 기근으로 사람들이 굶주림에 시달린 데다 유럽 전역에 전염병 페스트가 퍼지면서 2,000만 명이 넘는 엄청난 수의 사람들이 죽어 갔거든. 당시 유럽 인구의 3분의 1 정도가 사라진 거야. 사람들은 공포에 질렸고 사회 전반에 음울

한 분위기가 퍼졌어. 사회가 불안하다 보니 교회에 대한 믿음도 예전 같지 않았지.

당시 유럽의 지배 세력이던 교회는 배고픈 농민들의 불만을 다른 데로 돌릴 필요가 있었어. 그래서 마녀라는 희생양이 등장했지. 농민들은 '마을 외딴곳에 혼자 사는 저 여자가 수상해. 마녀일지도 몰라.' 하고 의심했고, 다른 편에서는 '사람들이 나를 마녀로 몰아갈지도 몰라.' 하고 불안해했어. 이렇게 서로 불신하니까 단결이나 협동이 이뤄질 리 없었겠지? 한데 뭉쳐 교회를 상대로 반란을 일으키는 건 생각도 못 했을 거야. 교회나 영주들은 농민들에게 삶이 그토록 가난하고 고통스러운 이유는 '악마와 내통한' 못돼 먹은 마녀 때문이라고 설파했어. 세금과 노동력을 착취했던 자신들의 책임을 엉뚱한 곳에 떠넘기려고 계획한 거지. 그렇게 중세 가톨릭교회는 자신들의 권위를 유지하기 위한 방법으로 마녀사냥을 적극 이용했어.

학자에 따라 조금씩 다르지만 15세기에서 17세기 사이에 유럽에서는 적어도 50만 명 이상이 마녀로 몰려 화형을 당했다고 추정되고 있어. 정말이지 '사냥'이라는 말이 적절하다고 생각될 정도야. 악마와 계약을 맺었다는 둥, 악마의 연회에 참석했다는 둥, 죄목도 다양했다고 해. '빗자루를 타고 하늘을 날아다닌 죄'도 있었다지.•

1484년 12월 5일, 교황 인노켄티우스 8세는 로마 교황의 권한으로 마녀들에게 죄를 묻고 처벌할 수 있는 권한을 이단 심문관(종교 재

• 마빈 해리스 『문화의 수수께끼』, 박종렬 옮김, 한길사 2000, 195~96면.

Malleus maleficarum
Opus egregium: de variis incantationum generibus origine: progressu: medela atque ordinaria damnatione: compilatus ab eximiis Heinrico Institoris: et Jacobo Sprenger ordinis predicatorum sacre pagine doctoribus et heretice pestis inquisitoribus: non tam utilis quam necessarius.
1519
Eme, lege, nec te precii poenitebit.

1519년 독일 뉘른베르크에서 출판된 『마녀에게 가하는 망치』의 표지. 1486년 처음 출간된 이 책은 마녀사냥의 이론적 토대를 마련했다.

판관)에게 위임한다는 내용의 「마녀 교서」를 발표했어. 이단 심문관이 되기만 하면 사람을 마녀로 몰아서 죽일 수도 살릴 수도, 가둘 수도 고문할 수도 있는 막강한 힘을 갖게 된 거지. 게다가 2년 뒤인 1486년에는 『마녀에게 가하는 망치』라는 책이 출간되어 널리 읽히면서 많은 사람들이 마녀에 대한 잘못된 인식을 굳히게 돼.

마녀 색출에 앞장섰던 사람으로 꼽히는 로렌의 종교 재판관 니콜라 레미는 1595년부터 1616년까지 2,000명에서 많게는 3,000명의 마녀 혐의자를 처형했다고 전해지고 있어. 독일의 트리어 대주교는

1587년에서 1593년까지 22개 마을에서 368명의 마법사를 화형에 처했다고 하고.* 그렇게 숱한 사람들이 교회와 영주들의 농간으로 마녀라는 누명을 쓴 채 죽어 갔어.

마녀 하면 떠오르는 정형화된 이미지가 있지? 마디가 굵은 앙상한 손가락에 굵게 주름진 얼굴, 시커먼 솥에 이상한 재료를 잔뜩 넣어서 마법의 약을 만드는 늙은 여자 말이야. 그런데 이 역시 실은 가난하고 노쇠한 여인네가 약초를 끓여 간단한 치료제를 만들었던 데서 비롯되었을 가능성이 높아. 그 무렵 농촌에는 가난한 탓에 민간요법으로 약을 만들어 팔던 이들이 있었거든. 아이를 낳을 때 이들이 산파 노릇을 하기도 했지.** 그런데 당시는 과학이나 의학이 발달되지 않았을 때니까 치료에 차도가 없거나 아기가 잘못되는 경우도 많았을 거야. 그러면 아이를 잃은 사람들의 분노나 상실감이 산파 여인에게로 향했어. "저 여자가 악마와 내통하여 내 아이를 해쳤다." "저 여자는 마녀가 틀림없다."라는 식이었지. 기형아가 태어나도 마녀 탓이라고 보았대.

마녀사냥이 장기간 계속될 수 있었던 데는 여성은 이성적이지 못하다거나 허영심이 강하다고 생각하는 남자들의 편견도 한몫했어. 무엇이든 남성 위주로 돌아가던 그 당시 사회에서 결혼을 하지 않고 혼자 사는 등 남성의 권위에 복종하지 않는 여자들은 심하게 공격받았지.*

• 이종호 『과학으로 파헤친 세기의 거짓말』, 새로운사람들 2003, 165면.
•• 이케가미 슌이치 『마녀와 성녀』, 김성기 옮김, 창해 2005, 19면.

116년이나 계속된 긴 싸움의 시작

마녀사냥 중에서 가장 유명한 예는 아마 잔 다르크(Jeanne d'Arc) 사건일 거야. 열일곱의 나이에 병졸을 이끌고 전투에 나섰던 농부의 딸 잔 다르크 얘기는 많이 들어 알고 있지? 잔 다르크는 전쟁터에서 싸워 본 일도 전혀 없고 군대 근처에 가 본 적도 없었지만, 프랑스군의 지휘를 맡아 매우 불리했던 백 년 전쟁의 전세를 바꿔 놓은 신기한 소녀야. 일단 백 년 전쟁 애기부터 간단히 들려줄게.

백 년 전쟁은 영국과 프랑스가 1337년부터 1453년까지 116년 동안 여러 차례 싸웠던 일을 말해. 물론 지금과 같은 현대식 전시 체제로 100년이 넘는 세월 동안 대립한 것은 아니야. 실제로는 페스트가 퍼지기도 하고 양국의 농민들이 들고일어나는 일도 있어서 휴전 기간이 꽤 길었거든. 하지만 전쟁은 그칠 듯하다가도 이내 되풀이되었어. 영토를 놓고, 또 프랑스의 왕 자리를 놓고서 말이야.

우선 영토 문제. 영국은 1066년 노르만 왕조가 성립된 이후부터 프랑스 내부에 영토를 소유하고 있었어. 프랑스 안에 영국 땅이 있었다니 이게 도대체 무슨 말인가 싶지? 지금 프랑스는 유럽 대륙에 위치해 있고, 영국은 도버 해협 너머의 섬나라이니까 말이야. 하지만 그 당시 영국의 노르만 왕조는 대륙에 자리한 프랑스의 땅 일부를 갖고 있었어. 이것이 영국과 프랑스 양국 사이에 갈등과 분쟁을

• 실비아 페데리치 『캘리번과 마녀』, 황성원·김민철 옮김, 갈무리 2011, 165면.

일으킨 불씨가 되었지. 그중에서도 특히 플랑드르와 귀엔이라는 지역은 백 년 전쟁에서 분쟁의 중심이 되었어.

그렇게 영국과 프랑스가 영토 문제로 삐걱대던 중인 1328년, 프랑스 카페 왕조의 샤를 4세가 후계자를 남기지 않고 세상을 떠났어. 그래서 사촌 형제인 발루아가의 필리프 6세가 왕위에 올랐지. 그런데 그때 영국 왕 에드워드 3세가 개입해서는 자기 어머니가 죽은 샤를 4세의 누이이니 자신이 왕위에 올라야 한다고 주장했어. 영국의 왕이지만 프랑스의 왕관도 써야겠다는 심보였지.

양쪽 모두 자기들의 권리를 주장하고 나섰으니 갈등이 빚어질 만한 상황이었어. 아니나 다를까 영국은 프랑스에 보내던 양털 수출을 중단하는 조치를 취했는데, 지금 말로 하면 높은 수위의 경제 제재를 가한 거야. 플랑드르는 영국으로부터 공급받은 양털을 가공하는 양모 공업이 발달해 있던 지방이라 양털 공급이 끊기면 경제적으로 파산 상태에 놓일 위험이 있었거든.

이에 분개한 프랑스의 필리프 6세는 프랑스 내의 영국 영토인 귀엔 땅을 몰수하겠다고 선언했어. 귀엔 지역은 그 유명한 보르도 땅을 포함하는 유럽 최대의 포도주 생산지로, 그야말로 알짜배기 땅이었기 때문에 역대 프랑스 왕들이 되찾아 오겠다며 늘 벼르던 곳이야. 발끈한 영국 왕 에드워드 3세는 1337년, 필리프 6세에게 공식적인 도전장을 내고 프랑스에 쳐들어왔어. 백 년 전쟁의 시작이었지.

영토 문제와 왕위 계승,
이익을 위한 다툼이 계속되다

처음에는 영국군이 우세해서, 파리를 포함한 프랑스 영토의 대부분을 점령했어. 영국군이 초반에 승리를 거둘 수 있었던 것은 웨일스 사냥꾼들이 쓰던 긴 활을 사용한 덕분이야. 이 신무기는 기존의 활보다 훨씬 멀리서 쏘아도 표적을 맞힐 수 있어서 아주 효과적이었다고 해.

그 뒤로 지지부진한 싸움이 계속되었어. 그러다 1420년 영국과 프랑스는 트루아 조약을 맺게 되는데, 승전국인 영국에 유리한 조건들로 이루어진 조약이었어. 북부 프랑스의 대부분을 영국 지배 아래에 두게 했거든. 영국 왕 헨리 5세는 프랑스 왕 샤를 6세의 딸인 카트린과 결혼했고 왕위 계승자로 이름을 올렸어. 치고받고 싸울 때는 언제고, 적국 왕의 딸과 결혼하다니 의아하지? 하지만 헨리 5세는 결혼으로 얻게 될 지위와 영토가 탐이 났을 거야. 결혼은 하나의 왕관 아래 두 나라를 합친다는 뜻이나 마찬가지였거든. 그렇게 헨리 5세는 영국의 왕이면서 동시에 프랑스 왕이 되었노라고 주장했어.

프랑스 입장에서는 어땠을까? 이제 프랑스를 영국 왕이 다스리게 생겼으니 암담하고 자존심도 상했겠지? 그런데 예상치 못한 일이 일어났어. 조약을 맺은 지 고작 2년 뒤인 1422년에 영국의 헨리 5세가 죽고, 뒤이어 프랑스의 샤를 6세도 세상을 떠나 버렸거든. 자, 두 나라가 어떻게 나왔을까? 영국에서는 조약에 따라 헨리 5세의 아들

인 헨리 6세가 왕위를 물려받아 영국과 프랑스 두 나라의 국왕이 되었다고 자칭했고, 프랑스에서는 샤를 6세의 아들인 샤를 7세가 프랑스의 왕위에 올랐다고 선언했어. 프랑스 왕위를 두고 또다시 두 나라가 격돌한 거야. 영국군은 1428년 샤를 7세의 거점 도시인 오를레앙을 포위했어. 대관식을 치르기 전이라 아직 왕세자 신분이라고도 할 수 있는 샤를 7세는 큰 위기를 맞았지.

농부의 딸 잔 다르크의 등장

바로 그때 한 시골 소녀가 신의 부름을 받았다며 등장했어. 이 소녀는 자신이 12살이 되던 해에 영국 군대를 몰아내고 왕세자 샤를을 왕위에 올리라는 계시를 받았다고 주장했어. 성인들의 목소리가 들리고 모습이 보였다고 하니, 지금 같으면 환청과 환각에 시달리는 히스테리 환자라고 볼 수도 있겠지. 하지만 그때는 종교의 영향력이 큰 시기여서 그랬는지 잔 다르크는 왕세자 샤를을 알현할 수 있었어. 그녀는 왕세자 앞에서 자신에게 군대의 지휘권을 달라고 요청했어. 기사가 입는 갑옷과 무기를 주면 자기가 전장에 나가서 영국군을 무찌르겠다고 말이야. 어이없는 말처럼 들리지만 당시 샤를 7세의 세력은 워낙 바람 앞의 등불 같던 상황이라 이 시골 소녀에게 기회를 주기로 했대. 잔 다르크는 영국군을 몰아내기 위해 갑옷을 입고 종교적인 글이 적힌 깃발을 든 채 두려움도 없이 선봉에 섰어. 실제로 얼마만큼 전투에 참여했는지는 훗날 역사가들의 의견이 분분

성 미카엘과 성녀 가타리나, 성녀 마르가리타로부터 신의 계시를 받는 잔 다르크의 모습.

해. 깃발을 든 마스코트 정도였다는 말도 있지만 어쨌든 잔 다르크가 프랑스군의 사기를 되찾아 준 것만은 사실이야. 신의 계시를 받았다고 주장한 이 소녀 덕분에 마침내 프랑스는 영국군을 몰아낼 수 있었지. 잔 다르크는 프랑스 군대를 다시 불러 모으는 구심점이 됐고, 잔뜩 사기가 오른 프랑스 군인들은 연이어 승리했거든. 영국은 점령하고 있던 유럽 대륙의 모든 땅을 프랑스에 넘기고 바다 건너로 되돌아갔어.

위급한 시기에 혜성처럼 나타난 잔 다르크는 이름난 장군도 못할 일을 해냈어. 그야말로 위기에 빠진 프랑스를 구해 낸 거지. 아까 프랑스 왕세자는 아버지 샤를 6세가 트루아 조약을 승인하는 바람에 왕위에 앉지 못할 처지가 될 뻔했다고 말했지? 그러나 잔 다르크가 신의 계시를 전하자 샤를 왕세자에게도 용기가 생겨났어. 게다가 잔 다르크의 출현 이후 프랑스의 농민들 사이에서도 애국심이 싹텄다고 해. 그 전까지 전쟁은 가진 자들의 다툼이었고, 힘없는 사람들은 그저 전쟁에 동원되어 희생당할 뿐이었지. 그러니 조국을 위해 희생해야 한다는 생각 같은 건 없었을 수밖에.

그런데 1430년, 잔 다르크는 안타깝게도 샤를 7세의 적대 세력인 부르고뉴파 사람들에게 생포되어 영국에 넘겨졌어. 아무리 프랑스 왕에게 적대적이었다 하더라도 어떻게 제 나라의 영웅적인 인물을 적국에 넘길 수 있었을까? 지금의 눈으로 보면 어처구니없지만 당시의 국가관은 오늘날과 많이 달라서 완전히 말도 안 되는 일은 아니었어. 게다가 샤를 6세 시절부터 국정의 실권을 장악하려는 귀족들이 두 파벌로 나뉘어서 프랑스는 거의 내란 상태나 다름없었거든. 부르고뉴파는 영국과 협조 관계였는데, 잔 다르크를 넘겨준 사람들은 그 대가로 현상금도 받았대.

여자가 감히 바지를 입고 다녀?

잔 다르크는 영국에서 종교 재판을 받게 됐어. 영국 법정은 잔 다르크에게 이단 혐의를 물었지. 기록에 따르면 그때 받은 여러 죄목 가운데 '여자가 바지를 입고 다녔다.'라는 항목이 있대. 당시 여자들은 치마만 입을 수 있었는데 잔 다르크가 갑옷과 바지를 입었던 것을 두고 남성의 권위에 대한 도전이라는 식으로 몰아붙였던 거야.

15세기 기도서에 그려진 잔 다르크의 모습.
잔 다르크는 마녀로 몰려 화형된 때로부터 500년이 지난 1920년에 성인으로 추대되었다.

또한 잔 다르크가 경험한 신의 계시 역시 사제를 거치지 않고는 받을 수 없는 것이라며 이단으로 몰아세웠어. 악마의 힘을 이용해 영국을 패하게 만들었다면서 말이야.

하지만 잔 다르크가 화형을 기다릴 때 600명이나 되는 증인 중 누구도 잔 다르크에게 불리한 말을 하지 않았다고 해. 법정에서 감사로 나선 사제들 40명 가운데 39명이 그녀의 무죄를 주장했다는 기록도 남아 있는 것을 보면• 대다수 사람들은 그녀가 마녀라는 사실에 동의하지 않은 듯해. 하지만 교회 법정은 민심을 아랑곳 않고 그녀를 이단자이자 마녀로 단정해서 유죄 판결을 내렸지. 결국 잔 다르크는 1431년 5월 30일 루앙에서 말뚝에 묶인 채 화형에 처해졌어.

마녀에서 성녀로

영국인들은 잔 다르크가 사라지면 프랑스군의 투지가 꺾이리라 예상했어. 하지만 현실은 정반대였지. 화형대 위에서 보여 준 잔 다르크의 용기에 감동받은 프랑스 사람들이 새로운 마음으로 싸웠던 거야. 1435년에는 그동안 반목하던 부르고뉴파와 아르마냐크파도 합심해서 영국을 상대로 싸우게 되었어. 그리하여 1453년 프랑스는 북부의 항구 도시 칼레를 제외한 프랑스 내 영토의 대부분을 되찾았어. 거기에는 영국군 최대의 거점인 보르도도 포함되어 있었지. 프

• 『캘리번과 마녀』, 165면.

랑스의 승리였어.

잔 다르크가 죽은 지 25년이 지난 후, 샤를 7세의 요구로 잔 다르크에 대한 재판이 다시 열렸어. 재판을 다시 연 건, 그녀에게 큰 신세를 졌던 샤를 7세가 정작 잔 다르크가 위기에 처했을 때 모른 척했던 데 대한 죄의식 때문이라는 설이 있어. 한편으로는 마녀 덕에 왕위에 오르게 되었다는 말이 수치스러워서였다는 설도 있지만. 이유야 어쨌든 이 재판에서는 잔 다르크에게 무죄가 선고되었어. 그리고 또다시 수백 년의 세월이 흐른 뒤인 1909년, 교황 비오 10세가 잔 다르크를 성녀로 만들기 위한 절차를 밟기 시작했고, 이후 1920년에서야 가톨릭교회는 잔 다르크를 성녀로 선포했어. 마녀라는 누명을 쓰고 화형을 당한 잔 다르크가 500년이 지나서 성인으로 추대된 거야.

끝나지 않은 마녀사냥

지금은 마녀사냥이 사라졌을까? 글쎄, 꼭 그런 것 같지는 않아. 역사를 살펴보면 오랜 세월 동안 희생양을 만들어서 가혹하게 처벌하는 일이 반복되어 왔음을 알 수 있어. 로마 시대와 히틀러 집권하의 나치 시대 때는 유태인들을 희생양으로 삼았고, 이 책의 비키니 편에도 나오지만 20세기 중반 냉전 시기에는 미국에 매카시즘이 퍼지면서 무고한 사람들을 공산주의자로 몰아서 단죄했어. 우리나라도 간첩단 사건 따위를 조작해서 죄 없는 사람들을 죽게 만든 역사가

있잖아. 정부나 기득권 세력이 마녀사냥을 한 거지.

그런가 하면 최근에는 인터넷에서도 심심찮게 마녀사냥이 벌어지곤 해. 때로는 소소한 잘못이거나 오해에서 비롯된 일인데도 무차별로 대중에 노출되어 부당한 비판과 매도를 당하는 경우가 많은 것 같아. 사건의 배경이나 전후 사정이 알려지지 않은 상태에서 이슈가 되고 대중의 맹목적인 공격을 받으며 몹쓸 사람으로 낙인찍히는 일 말이야.

역사 속 마녀사냥의 희생양이 되었던 사람들이 그 사회에서 가장 약하고 만만한 존재들이었다는 사실을 다시 한 번 생각해 봐야 할 것 같아. 그런 비겁한 일이 반복되지 않도록 모두가 조심해야 해. 누군가를 무턱대고 나쁜 사람으로 낙인찍고 멀리하기 전에 한 번 더 차분히 생각해 봐. 우리 안의 분노가 합당한지, 악의를 가진 선동가 탓에 잘못된 방식으로 드러나는 것은 아닌지 말이야.

바틱

인도네시아 인들의 삶과
함께하는 염색 옷감

얘들아. 이것 좀 봐. 옷장을 정리하다가 발견한 거야. 몇 년 전 인도네시아에 여행을 갔다가 이국적인 문양이 아름다워서 사 온 기념품인데, 어디다 뒀나 했더니 이제야 찾았네. '바틱'이라는 이름인데, 들어 본 적 있니? 문양이 참 독특하지?

바틱은 인도네시아의 전통 섬유 공예 기법으로 만드는 천이야. 문양이 독창적이고 아름다운 덕에 동남아시아를 대표하는 직물로 이름이 높아. 발리섬을 비롯한 여러 관광지가 개발되면서 전 세계에 널리 퍼졌고, 2009년에는 유네스코 세계 문화유산으로 선정되기도 했어. 인도네시아 사람들의 생활과도 깊이 연결되어 있는 바틱에 대해 좀 더 알아보자.

인도네시아 인들의 삶과 함께하는 옷감

바틱은 디자인뿐 아니라 제품을 만드는 방법도 상당히 독특해. 흔히 초를 만들 때 쓰는 밀랍을 이용하거든. 일단 아름다운 문양을 종이에 그린 뒤, 흰 천을 종이 위에 얹고 다시 아래 그림을 따라 그려. 그런 다음 뜨겁게 녹인 밀랍이 가느다랗게 나오는 펜 같은 도구를 이용해서 선을 따라 꼼꼼히 칠하는 거야. 그렇게 한 뒤에 흰 천을 염색하면 밀랍이 칠해진 부분은 염료가 스며들지 않고 나머지 부분만 염색되거든. 이 천을 나중에 뜨거운 물에 담그면 밀랍은 녹아서 떨어지니까 감쪽같지. 이런 과정을 여러 차례 반복하면 다채로운 색깔과 문양의 바틱을 만들 수 있어. 과거에는 하나하나 손으로 만드느라 상당한 시간과 노력이 들었다고 해. 요즘은 스탬프로 찍거나 공장에서 대량으로 생산하는 추세야.

인도네시아에서 바틱의 의미는 단순한 직물 이상이야. 인도네시아 사람들에게는 태어나서 죽을 때까지, 인생의 크고 작은 순간마다

전통 방식으로 바틱을 만드는 여인들.

늘 바틱과 함께하는 전통이 있거든. 인도네시아는 1년 내내 더운 나라라서 서양식 정장보다 바틱을 즐겨 입어. 결혼식 같은 중요한 의례나 행사에도 빠지지 않지. 인도네시아에는 임신 7개월째에 접어든 임신부를 축하하며 선물과 음식을 나누는 행사가 있는데, '투주 불란'이라고 부르는 이 의식에서 임신부가 입었던 바틱은 훗날 아기를 감싸는 천으로 쓰인대. 그리고 아기가 태어난 지 210일이 되면 우리나라의 돌잔치처럼 '투룬 타나'라는 의식을 해 주는데, 그때도 어머니가 예전에 입었던 바틱 천으로 아이를 감싸 줘. 나중에는 그 천이 임종한 어머니의 수의로도 쓰인다니, 인도네시아 인들에게 바틱이 갖는 의미를 짐작할 만하지?

다채로운 색과 디자인을 겸비한 바틱을 보노라면 인도네시아 인들이 아주 독창적인 감각과 예술적 안목을 지녔다는 생각이 들어. 이번 장에서는 바틱의 나라, 인도네시아에 관해 얘기 나눠 볼까? 동남아시아의 역사를 들려줄 기회가 적어서 아쉬웠는데 마침 잘됐다.

세계에서 가장 많은 섬으로 이루어진 나라

인도네시아는 태평양 서남쪽에 자리하고 있어. 자그마치 1만 7,508개나 되는 섬으로 이루어져서 세계 최대의 섬나라로 꼽히지. 수마트라, 자바 같은 커다란 섬의 이름은 너희도 들어 봤지? 그런 큰 섬 말고도 크기와 모양이 제각각인 섬들이 모여 있는데, 그 면적을 다 합치면 한반도의 8배 정도인 190만 제곱킬로미터나 된대. 인구는 2013년 6월 기준으로 2억 5,000만 명에 달해 중국, 인도, 미국에 이어 세계 4위야.

인도네시아는 벼농사를 많이 짓고 자바 섬에서는 사탕수수, 담배, 커피, 차 등을 대규모로 경작하기도 해. 자바 커피는 유명하잖아. 고무나 유황 같은 천연자원도 수출하는데, 보르네오 섬의 열대 우림, 수마트라 섬의 석유, 빈탄 섬의 광물 보크사이트 등이 유명해. 말만 들어도 천혜의 자연조건을 지닌 땅이라는 생각이 절로 들지.

하지만 그 장점들이 오히려 인도네시아에 오랫동안 불운으로 작용했어. 아시아나 아프리카의 많은 나라들처럼 인도네시아도 제국주의 시대에 유럽 강대국들의 탐욕에 휘말렸거든. 인도네시아는 중국과 인도를 잇는 교통의 요지에 위치한 데다 정향이나 육두구 따위의 향신료도 풍부했어. 이런 향신료는 금과 맞먹는 값으로 거래되었으니, 유럽 강대국들이 눈독을 들일 만했지. 포르투갈, 네덜란드, 영국 등이 인도네시아를 차지하려고 치열하게 다투었어. 그 가운데 인도네시아를 가장 오랫동안 점령한 나라는 네덜란드였어.

네덜란드의 식민 지배,
'승리의 도시' 자카르타를 수탈하다

인도네시아를 지배했던 네덜란드도 한때는 다른 나라의 식민지였어. 스페인의 지배를 받았거든. 스페인에 관해서는 앞 장의 검은 옷 편에서 말했었지? 스페인의 펠리페 2세는 네덜란드 사람들에게 가톨릭을 믿을 것을 강요하고 과도한 세금을 거둬 갔어. 신교를 믿던 수천 명의 네덜란드 사람들이 가톨릭교회를 습격한 적이 있었는데, 이때 펠리페 2세는 군대를 동원해 1만여 명의 네덜란드 인을 잔혹하게 살해했지. 하지만 스페인의 탄압이 가혹해질수록 네덜란드의 독립 의지는 한층 불타올랐어. 결국 네덜란드는 스페인의 세력 확대를 꺼리던 영국, 프랑스와 손잡고 독립 전쟁을 일으켰지. 레판토 해전에서 스페인에게 패배해 이를 갈고 있던 오스만 제국도 네덜란드를

인도네시아의 섬들로 엮인 목걸이를 들고 있는 네덜란드 제국을 상징한 그림.
목걸이에 보르네오, 수마트라, 자바 등의 주요 섬 이름이 적혀 있다.

도왔어. 적의 적은 곧 아군인 셈이니까. 그렇게 하나의 세력이 형성되었고 80년 동안이나 끈질기게 싸운 끝에 네덜란드는 1648년, 마침내 완벽한 독립을 이뤘단다.

당시 최고의 강대국이던 스페인과 대등하게 싸웠으니 이제 네덜란드는 무서울 게 없었어. 수수방관할 수 없던 스페인은 네덜란드의 배가 스페인이나 포르투갈 항구에 드나들지 못하게 막으려 했지. 예를 들면 스페인의 또 다른 식민지였던 필리핀 마닐라에 입항하는 것을 금지하는 식이었어.• 그러자 네덜란드는 낙담하기는커녕 포르투갈의 무역 통로를 빼앗기로 더 독하게 마음먹었어. 전쟁 중에도 꾸준히 해군과 상선을 늘려서 유럽 최대의 해운국으로 자리매김하더니, 전 세계 곳곳에 식민지를 만들기 시작했지. 부유한 상인들을 비롯한 부르주아들이 힘을 합치고 돈을 모아서 아시아 곳곳에 '무역 전진 기지'라는 작은 정착지들을 만들고, 비단과 향료와 차와 커피를 매매하면서 이익금을 나누었어. 그러다 네덜란드 정부는 1602년, 영국에 이어 세계에서 두 번째로 동인도 회사를 설립했어.

'회사'라고 하니까 부모님이 출근하는 직장을 연상하기 쉽겠지만, 사실 동인도 회사는 왕실로부터 정식 허가를 받아서 군대와 무기까지 갖춘 기관이었어. 일본이 '동양 척식 주식회사'라는 것을 세워 우리나라에서 물자를 수탈해 간 것처럼 동인도 회사도 식민지 침략을 위한 수단이었지. 특히 인도네시아 바타비아 지역은 네덜란드 동인

• 티머시 브룩 『베르메르의 모자』, 박인균 옮김, 추수밭 2008, 314면.

도 회사의 주요 근거지였어. 바타비아라는 이름이 생소하다고? 네덜란드 인들은 바타비 족을 조상으로 꼽는데 바타비아란 '바타비 족의 땅'이라는 뜻이야. 당시에는 이 말을 자바 섬의 서부, 오늘날의 자카르타를 일컬을 때 썼어. 산스크리트 어로 '승리의 도시'라는 의미인 자카르타를 빼앗기고 바타비아라는 굴욕적인 이름을 강요받았으니, 인도네시아 사람들의 입장에서 보면 그야말로 식민지의 설움이라 할 수밖에. 훗날 인도네시아가 독립하면서 자카르타라는 이름도 돌려주고 나라의 수도로 삼았지만 말이야.•

네덜란드가 인도네시아를 장악하면서 암스테르담과 바타비아 간에는 향신료 무역이 활발해졌어. 암스테르담은 유럽에서 가장 분주한 항구 도시로 성장하고, 인도네시아 자바에서는 플랜테이션 사업이 벌어졌어. 유럽 시장을 겨냥해 사탕수수, 커피, 차, 담배 같은 특정 작물을 대규모로 재배하게 된 거야. 인도네시아 원주민들은 온종일 고된 노동에 시달렸는데, 정작 자신들이 먹고살 곡물의 재배지가 부족해져서 식량난과 기아에 허덕였다지. 17세기 네덜란드는 이처럼 인도네시아 사람들의 땀과 피를 제물 삼아 강대국이 되었어.

향신료 때문에…… 인도네시아 암본 사건

네덜란드 이야기를 좀 더 할게. 당시 네덜란드 사람들이 세계를 어

• 미야자키 마사카츠 『지도로 보는 세계사』, 노은주 옮김, 이다미디어 2005, 146~47면.

찌나 휘젓고 다녔는지 벨테브레이와 하멜이라는 사람들은 머나먼 우리나라에까지 오게 됐어. 당시 네덜란드는 일본에서 막대한 은을 수입하고 있었거든. 벨테브레이는 1628년 일본으로 항해하던 도중 풍랑에 휩쓸려 제주도에 닿았지. 벨테브레이는 아예 조선에 귀화해서 이름까지 박연으로 바꾸고 평생을 조선에서 살았어. 한편 네덜란드의 선원이던 하멜도 1653년에 폭풍을 만나 표류하다 조선 땅에 다다랐는데, 14년간 억류되었다가 고국으로 돌아갔어. 그 경험을 자신의 저서 『하멜 표류기』에 담았지.

네덜란드 사람들은 아프리카에도 진출했어. 현재의 남아프리카 공화국 지역에 터를 잡고 살던 네덜란드 인들을 일컬어 '보어 인'이라고 불렀거든. '보어(Boer)'는 네덜란드 어로 '농부'라는 뜻이야. 그런데 그 지역에서 금과 다이아몬드가 발견되는 바람에, 보어 인과 영국인들 사이에 큰 세력 다툼이 벌어지게 돼. 1899년에 아프리카 대륙에서 일어난 백인들끼리의 이 싸움이 바로 '보어 전쟁'이야.

사실 당시 네덜란드와 영국은 패권을 둘러싸고 종종 대립했어. 보어 전쟁이 영국의 승리로 끝났듯 네덜란드는 당시 최고의 강대국이던 영국에게 밀리기 일쑤였지. 하지만 그보다 200년쯤 전에는 오히려 영국이 호되게 당한 적도 있어. 인도네시아의 암본 섬에서 벌어진 사건도 그런 예야.

인도네시아 섬들 가운데 암본은 특히 인기 높은 향신료인 정향이 많이 생산되는 곳이었는데, 1623년 네덜란드는 그곳에서 '암본 사건'을 일으켰어. 네덜란드 동인도 회사 사람들이 영국 동인도 회사 사람들을 공격한 거야. 후추보다도 훨씬 비쌌던 육두구와 정향을 독점하려는 욕망 때문이었지. 네덜란드 입장에서는 뒤늦게 암본 지역에 진출해 세력을 넓히던 영국이 그야말로 눈엣가시였거든. 네덜란드 상인들은 영국 상인 등 20여 명을 체포해 고문하고 살해했어. 원래 영국과 네덜란드는 함께 포르투갈을 견제하는 입장이었는데, 암본 사건 이후 두 나라 간 협력 관계는 깨지고 말아.

불꽃 튀던 두 나라의 경쟁은 영국이 산업 혁명을 통해 국력을 한층 강화하면서 결국 네덜란드의 패배로 끝났지. 인도네시아에서 네덜란드에게 밀린 영국이 인도와의 교역에 더욱 힘을 쏟았거든. 인도의 값싸고 질 좋은 면직물이 유럽에 들어오자 면제품의 수요가 엄청나게 급증했어. 이런 엄청난 수요가 면직 공업의 발전을 이끄는 원동력이 되어 산업 혁명으로까지 이어진 거야. 영국에게는 차선책이었던 인도와의 교역이 오히려 성공을 불러온 셈이니, 나라의 흥망성쇠도 사람의 운명만큼이나 참 알 수 없는 것인가 봐.

돌고 도는 약육강식의 역사

혹시 공정 무역을 시작한 '막스 하벨라르'라는 국제단체를 알고 있니? 이 단체의 이름은 소설 제목에서 따온 거야. 『막스 하벨라르』라는 소설을 쓴 에뒤아르트 데케르는 암스테르담에서 태어나 선장이던 아버지를 따라 18살에 인도네시아로 이주했어. 그곳에서 인도네시아 인들의 참혹한 삶과 마주한 데케르는 네덜란드로 돌아와서

공정 무역 상품임을 나타내는 마크. 로고의 아래쪽에 적혀 있는 '막스 하벨라르'는
인도네시아 사람들의 참혹한 삶을 알린 소설 제목에서 따온 것으로,
스위스, 벨기에, 네덜란드에서는 지금도 이 글자가 적힌 인증 마크를 사용한다.

1860년 이 소설을 발표했지.

『막스 하벨라르』는 식민지의 모습을 폭로하고 있어. 강제 노동에 동원되고, 네덜란드의 지시에 따라 특정 작물만 파종했다가 수확이 나쁘면 굶어 죽어야 하는 원주민들의 억울한 삶이 생생히 묘사되지. 문명국가라고 믿어졌던 네덜란드의 추태, 그리고 토착 지주들과 유착해 부패를 일삼는 현지 관리들의 실상이 낱낱이 고발되자 유럽은 충격과 논쟁에 휩싸였다고 해.

현재 네덜란드가 이룬 부(富)는 동인도 회사를 세운 뒤 350여 년

『막스 하벨라르』의 표지. 이 소설은 가상의 관리 막스 하벨라르의 입을 빌려 네덜란드의 식민 지배 아래서 고통받던 인도네시아 사람들의 모습을 고발한 작품이다.

동안이나 인도네시아의 자원을 강탈하고 노동력을 착취한 데 기원한다는 견해도 있어. 우리가 익히 알고 있던 풍차와 튤립의 나라, 소박하고 평화로워 보이던 네덜란드와는 사뭇 다른 면모지? 스페인의 식민 지배 아래서 고통받았던 네덜란드가 또 다른 약소국을 침략하여 자신들이 겪었던 일을 고스란히 돌려주다니. 그 시절의 국제 사회는 힘의 논리가 가차 없이 드러나는 무대였던 거야.

네덜란드에는 지금도 '암보네제'라 불리는 수십만 명의 인도네시아계 사람들이 살고 있어. 그들의 조상은 노예나 하인으로 부리기 위해 인도네시아에서 데려온 사람들이었지. 시간이 흘러 노예 제도가 없어지고 인도네시아도 독립했지만, 자손들은 네덜란드 국적을 취득해 네덜란드 사람들과 함께 살게 된 거야. 암보네제라는 말은 짐작하겠지만 앞서 언급했던 암본 섬에서 유래됐어. 정향으로 유명해서 강대국들이 서로 차지하려고 다투었던 그 섬 말이야. 그런데 네덜란드에 사는 인도네시아계 사람들을 '암보네제'라고 부르는 데에는 또 하나의 특별한 이유가 있단다.

한동안 네덜란드의 지배 아래 있던 암본 섬은 제2차 세계 대전 중 일본에 점령되기도 했어. 이후 일본이 항복하자 인도네시아는 독립을 선언했지. 그러나 기쁨과 감격도 잠시, 네덜란드가 다시 돌아왔어. 인도네시아의 단물을 마저 빨아먹을 속셈으로 말이야. 인도네시아의 민족주의자들은 네덜란드의 통치에 극렬하게 저항했고, 4년에 걸친 참혹한 전쟁이 벌어졌어. 그 결과 수만 명의 인도네시아 인들이 목숨을 잃었다고 해.

1949년, 마침내 이 사연 많은 땅은 네덜란드로부터 주권을 돌려받아 인도네시아 공화국으로 독립했어. 그런데 암본 섬의 사람들은 인도네시아에 편입되지 않고 '남(南)말루쿠 공화국'이라는 독립된 국가를 세우고 싶어 했지. 인도네시아는 그런 암본 인들에게 군사적 탄압을 가했고, 암본 인들의 저항 운동은 게릴라전의 형태로 10여 년간이나 지속되었어. 이 과정에서 많은 암본 인들이 네덜란드로 망명했는데, 거기서 '암보네제'라는 이름이 붙게 된 거야.

독립 이후 인도네시아는 여러 어려움에 맞닥뜨려야 했어. 민족주의 지도자인 수카르노가 초대 대통령에 올라 15년 넘게 장기 집권했지만, 경제나 정치 체제 모두 안정시키지 못했지. 결국 1965년 쿠데타가 일어났고, 그 쿠데타를 진압한 군부 지도자인 수하르토 장군이 새로이 대통령 자리에 올랐어. 수하르토 역시 1968년부터 1998년까지 자그마치 30년이 넘는 세월 동안 인도네시아를 통치했는데, 공업을 부흥시키고 경제 발전을 이뤘지만 독재로 인해 민주화를 막았다는 평을 받으며 우리나라의 박정희 대통령과 더불어 자주 언론에 오르내리는 인물이야.

최근 인도네시아는 달라지고 있어. 엄청난 해외 부채며 높은 실업률, 부족한 투자 자본 등의 한계를 풀기 위해 석유와 천연가스, 광석 등을 개발하기 시작했거든. 2012년에는 6.2퍼센트의 높은 경제 성장률을 기록하며 세계의 이목을 집중시키기도 한 만큼, 인도네시아의 앞날을 기대해 봐도 좋겠지?

동티모르, 21세기 최초의 독립 국가

인도네시아의 역사 가운데 너희에게 꼭 들려주고 싶은 이야기가 한 가지 더 있어. 식민 통치의 피해자였던 네덜란드가 가해자가 되었던 것처럼, 인도네시아도 그런 행보를 되풀이했거든. 암본 섬 이야기에서 보았듯이 인도네시아는 독립을 이룬 이후에 주변의 섬들을 닥치는 대로 병합하려 들었어. 물론 실패하기도 했지. 세계에서 세 번째로 크다는 보르네오 섬 가운데 사바 주와 사라왁 주를 말레

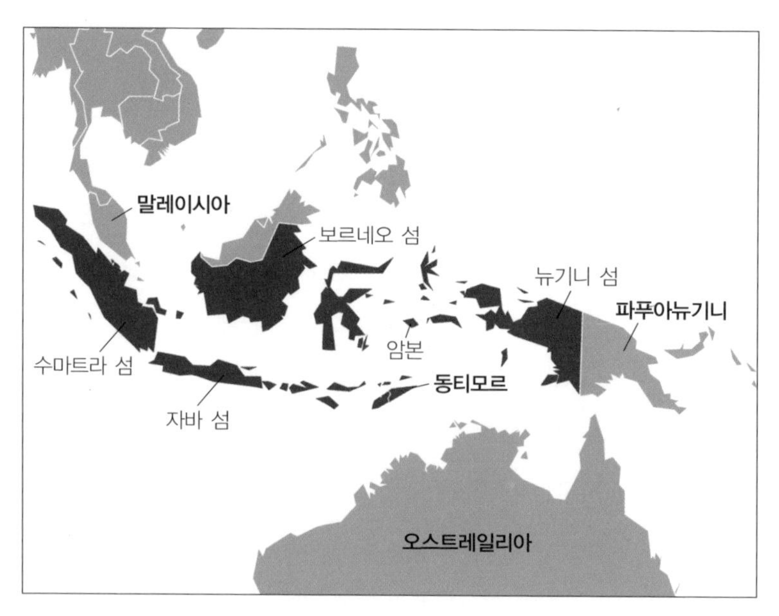

인도네시아의 주요 섬들과 동티모르의 위치.
초록색이 인도네시아의 영토, 붉은색이 동티모르의 영토이다.

이시아에 넘겨야 했고, 브루나이도 독립국으로 남겨 둬야 했어. 그러나 대다수의 섬들은 인도네시아에 병합되었는데, 1975년 인도네시아로 합쳐진 동티모르도 마찬가지야.

제국주의 시절 강대국들의 치열한 세력 싸움 탓에 티모르 섬은 둘로 갈라졌어. 동쪽은 포르투갈의 식민지로, 서쪽은 네덜란드의 식민지로 분리되어 살아온 거야. 서로 다른 집단에 의해 둘로 나뉜 채 오랜 세월이 흐르다 보니, 티모르 섬의 동쪽과 서쪽은 사뭇 다른 지역으로 변했지. 종교도 언어도 달라졌어. 티모르 섬 서쪽은 주로 이슬람교를 믿지만 동쪽 지역은 포르투갈의 영향으로 가톨릭이 전파되었고, 언어도 동티모르에서는 티모르 고유의 언어인 테툼 어 혹은 포르투갈 어를 쓰고 있어.

심지어 인종도 달라. 아시아에 속하니까 다 같은 황인종이어야 하는 거 아니냐고? 자, 지도를 펼쳐 놓고 인도네시아 주변을 둘러보자. 동티모르 지역은 인도네시아의 중심부인 수마트라나 보르네오 섬으로부터 동남쪽으로 한참 떨어진 곳에 있지. 그래서 인종도 바로 옆의 뉴기니 섬과 더 유사해. 아프리카 기니 만의 사람들과 생김새가 비슷하다고 해서 '뉴기니'라는 이름이 붙은 만큼, 뉴기니 섬 사람들의 피부색은 대부분 어두운 갈색이거든. 그런 인종을 '멜라네시아인'이라고 하는데, 멜라네시아라는 말도 그리스 어로 '검은 섬'이라는 뜻이야. 피부에 주근깨나 기미 같은 걸 앉게 만드는 멜라닌 색소를 떠올리면 그 뜻을 이해하기 쉬울 거야. 동티모르의 인종은 뉴기니 섬의 멜라네시아 인과 유사해서 피부색이 검은 경우가 많아.

이처럼 티모르 섬의 동쪽과 서쪽은 종교, 언어, 인종이 제각기 달랐어. 게다가 빈부 격차 같은 경제적 문제, 정치적 세력 다툼까지 더해져 두 지역이 원만하게 섞이기란 쉽지 않았지. 동티모르가 인도네시아로 병합되기에는 애초부터 무리가 있었던 거야. 그런데도 인도네시아는 무력을 앞세워 1976년 동티모르를 27번째 주로 편입시키고 말았어. 그러고는 공포 정치로 동티모르를 탄압하고 다스리려 했지. 인도네시아 정부가 워낙 철저한 폐쇄 정책을 펼친 탓에 이런 탄압은 국제 사회에 잘 알려지지도 않았어. 인도네시아는 오히려 자카르타 주 정부가 동티모르 예산의 대부분을 지원했다느니, 인도네시

동티모르에서는 매년 산타크루즈 대학살이 일어났던 11월 12일을 기린다.
사진은 2012년, 그때의 죽음을 애도하는 여인들.

아가 동티모르의 교육과 공업화를 이끌었다느니 하며 그럴듯한 거짓말을 꾸며 댔지.

그러다 인도네시아의 만행이 마침내 세상에 알려지게 되었어. 1991년, 인도네시아 군대가 동티모르 군중에게 무차별 총격을 가해 200여 명의 사상자를 낸 사실이 밝혀졌거든. 마침 현장에 있던 영국 요크셔 방송국의 카메라 기자가 당시 상황을 몰래 녹화했던 거야. 동티모르에서 벌어진 그 사건을 '산타크루즈 대학살'이라고 부른단다. 국제 사회는 경악을 금치 못했어. 자신이 처한 위치와 상황에 따라 이렇게 태도를 돌변하다니, 입맛이 쓰지.

동티모르는 이후 2002년 5월 20일, '티모르레스테 민주 공화국'이라는 이름으로 공식 독립을 선언하게 돼. 오래도록 염원하던 독립을 이룬 이 나라의 초대 대통령 자리는 독립 운동의 영웅인 샤나나 구스망에게 맡겨졌어. 동티모르는 '21세기 최초의 독립 국가'라는 영예를 얻었지. 그러나 동티모르의 현재와 미래가 마냥 밝지만은 않아. 세계에서 가장 가난한 나라 가운데 하나인 데다 문맹률도 50퍼센트에 이르니까. 게다가 친인도네시아 성향을 보이며 독립을 반대했던 민병대 등 과거사 청산의 문제도 남아 있고, 민족 통합 문제도 간단하지 않아.• 하지만 동티모르는 400년이 넘도록 여러 강대국의 식민 치하에서 오욕과 고난의 역사를 겪고서도 끈질기게 살아남아 독립을 이루었잖아. 그걸 보면 그 땅에는 강인한 생명력이랄까 정신력이 깃들어 있을지도 모르겠다는 생각이 들어. 이번 장은 그들에게 응원의 박수를 보내며 마무리하고 싶구나.

• 이정록·구동회 『세계의 분쟁 지역』, 푸른길 2005, 344면.

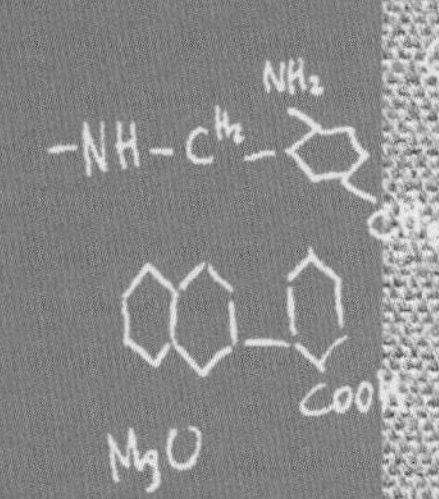

스타킹

합성 섬유의 왕, 나일론

1940년 5월 15일은 역사적인 날이야. 여성용 나일론 스타킹이 최초로 미국 전 지역에 판매된 날이거든. 당시 스타킹의 인기가 얼마나 대단했던지 백화점 앞에 사람들이 장사진을 이루었대. 실크 스타킹보다도 비싼 가격이었는데도 스타킹 수십만 켤레가 금세 동났고, 어렵사리 스타킹을 구한 여인들은 그 자리에서 스타킹을 신어 보느라 야단법석이었다고 해. '역사적인 날' 하면 전쟁이 터지거나 혁명이 일어나거나 왕이 바뀌거나 하는 정치적인 사건을 주로 떠올리지만, 우리가 일상적으로 먹고 입고 쓰는 물건들에 획기적인 변화가 일어난 것이야말로 역사적인 일 아니겠어? 나일론 제품이 나오기 전과 후를 비교해서 우리들의 의생활이 얼마나 달라졌는지 생각해 보면 더욱 그런 생각이 들곤 해.

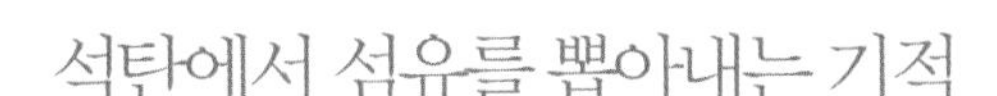

석탄에서 섬유를 뽑아내는 기적

오늘날 합성 섬유 하면 바로 나일론을 떠올리지만 나일론은 실제로 100가지가 넘는 합성 섬유 가운데 하나에 불과해. 최초의 합성 섬유는 인조 견사인데, 1884년에 특허권을 얻었어. 그 이후 아세테이트나 폴리에스테르 따위가 차례로 개발되었지. 하지만 나일론은 '화학 섬유의 제왕'이라고 부를 만큼 그 중요도에서 단연 으뜸으로 꼽히고, 사람들에게 많은 사랑을 받아 온 섬유야.

나일론(nylon)의 정의는 '고분자 폴리아미드로 이루어진 합성 플라스틱'이야. 플라스틱이라니, 스타킹이 플라스틱이라고? 맞아, 나일론은 석탄, 석유 등을 화학적으로 합성해서 만든 섬유야. 오늘날에야 상식처럼 여겨지지만 처음에 사람들은 '석탄과 물과 공기'로 섬유를 만들었다는 말에 마치 연금술이라도 목격한 양 신기해했대. 현대 과학으로 일군 의류 혁명으로까지 불리는 이 획기적인 발명품을 누가 어떤 과정을 거쳐 만들었는지 한번 살펴볼까?

1940년, 처음 나일론 스타킹이 미국 전 지역에 시판되던 날 길게 줄을 선 사람들의 모습.

순수 과학을 바라보는 장기적 안목, 나일론을 향한 첫걸음

나일론을 발명한 사람으로는 미국 듀폰 사(社)에 소속된 화학자였던 캐러더스(W. H. Carothers)를 꼽아. 하지만 나일론 개발을 위해서는 많은 사람들의 도움과 인연이 필요했어. 나일론이 개발되기 12년 전인 1926년 12월 18일, 당시 듀폰 사 중앙 연구 부서의 책임자였던 찰스 스타인(Charles Stine)은 나일론을 향한 기나긴 여정의 첫발을 내디뎠어. 그는 "연구란 사업 부침에 관계없이 장기적으로 투자되어야 성과로 이어진다."라는 신념으로 이사회에 "순수 과학 작업"(Purity Science Work)이라는 짧은 메모를 제출했지. 장기적 차원에서 여러 사업 분야에 든든한 기반이 되어 줄 기초 연구 조직을 설립하겠다는 계획이었어. 스타인은 세상을 바꾸는 힘은 기초적인 학문의 토대 위에서 비롯된다는 생각을 품고 있었던 거지. 그즈음 미국에서 기초 과학 연구란 대학의 전유물이었기 때문에 스타인은 함께 연구할 학자들을 대학에서 찾았어. 특히 백방으로 노력한 끝에 하버드 대학 유기 화학과 전임 강사로 재직 중이던 캐러더스를 발굴했지. 당시 32세의 젊은 학자이던 캐러더스는 연구의 자율성과 순수성이 저해될 것을 염려해 처음에는 이 제안을 받아들이지 않았대. 하지만 스타인의 계속된 설득으로 결국 그는 듀폰 사의 초빙에 응하게 되었지. 누구의 간섭이나 지시도 받지 않고 자유로운 연구 활동을 할 수 있도록 보장받으며 연구비도 넉넉히 지급받는다는 등의 조건으로 말이야. 이후 10년 동안 캐러더스와 듀폰 사의 많은 과학자들이 끊임없이 노력한 끝에 나일론 같은 신물질이 발명되었어.

캐러더스뿐 아니라 기초 과학 연구에 투자해야겠다는 스타인의 장기적인 안목, 그리고 우수한 인재를 영입해서 최고의 환경을 제공했던 기업의 뒷받침이 있었기에 나일론이 탄생했다는 걸 알겠지? 100여 년 전 듀폰 사를 설립한 듀폰(E. I. du Pont)도 길게 보면 이 발명에 기초를 놓았다고 할 수 있어. 그는 원래 프랑스 태생이야. 프랑스 인이던 그가 미국에 건너와 화학 공장을 차리게 된 데는 그만한 사연이 있었어.

듀폰, 미국으로 망명해 화약 공장을 차리다

라부아지에(Antoine Lavoisier)라는 이름 들어 본 적 있지? 아마도 '질량 보존의 법칙'과 함께 과학 시간에 들었을 거야. 화학 전반에 기초를 세워서 오늘날까지 근대 화학의 아버지라 추앙받는 과학자잖아.

라부아지에는 프랑스 대혁명 전인 1775년에 국립 화약 공장의 감독관으로 일한 적이 있었어. 화약의 원료가 되는 초석의 제련법을 개선하고 효율적인 조직 체계를 고안하는 등, 그의 노력 덕택에 프랑스의 화약 제조 수준은 유럽 최고가 되었다는구나. 그 시절 듀폰은 라부아지에와 가깝게 지냈는데, 라부아지에가 거의 30살쯤 많았으니 친구라기보다 스승과 제자에 가까운 관계가 아니었을까 짐작돼. 라부아지에는 듀폰에게 화약 제조와 관련해 많은 것을 가르쳐 주었어.

하지만 라부아지에는 그로부터 10여 년 뒤에 역사의 광포한 흐름에 휩쓸리게 돼. 1789년 프랑스 대혁명이 일어난 후, 혁명가 로베스피에르가 펼치던 공포 정치로 프랑스에서 피비린내가 끊이지 않던 때였지. 라부아지에는 세금 징수관으로 일한 경력이 문제가 되는 바람에 1794년 5월 8일 끝내 단두대에서 목이 잘렸어. 라그랑주라는 수학자는 "그의 머리를 잘라 버리는 일은 한순간이지만, 그와 같은 머리를 만드는 데는 백 년도 더 걸릴 것이다."라고 말하며 안타까워했다지.

라부아지에가 죽은 뒤 듀폰은 혁명 후의 공포스러운 프랑스 사회에 환멸을 느꼈어. 그래서 그는 1801년 프랑스를 등지고 미국으로 망명했지. 그리고 그 이듬해에 화약 공장을 세웠어. 라부아지에한테서 배웠던 화약 제조 기술을 바탕으로 말이야. 그게 듀폰 사의 시작이었어. 그렇게 설립된 후로 듀폰 사는 미국의 역사와 깊은 관련을 맺으면서 뿌리를 내리고 가지를 뻗어 나갔어.

미국이 독립 전쟁 중이던 1812년, 당시 세계 제일을 자랑하는 영국 함대를 물리칠 때 썼던 탄약을 만든 회사도 듀폰이었어. 세월이 흘러 1861년부터 시작된 남북 전쟁에서는 북군의 편에 서서 그들을 도왔고, 서부 개척이 시작되었을 때는 바위투성이의 황무지에 길을 내고 농지를 만드는 데도 듀폰 사의 폭약이 쓰였지.

미국 정부의 신뢰를 얻어 나가던 듀폰 사는 20세기에 들어서는 다이너마이트나 무연 화약 등도 만들게 되었어. 제1차 세계 대전 당시에 연합국 측이 사용한 폭약 가운데 절반 가까이를 공급한 회사가 듀폰 사였고, 그로 인해 엄청난 이익을 챙긴 탓에 '죽음의 상인'이라는 불명예스러운 별명을 얻기도 했지.

합성 섬유를 만들게 한 원동력은 대공황이다?

듀폰 사가 합성 섬유를 개발하게 된 것도 세계사와 관련되어 있어. 당시 듀폰 사를 이어받은 피에르 듀폰(Pierre du Pont)은 제1차 세계 대전이 끝난 뒤 '죽음의 상인'이라는 악명을 씻고 싶어 했거든. 그

1941년 미국 잡지 『라이프』에 실린 나일론 제품 광고. 나일론 스타킹을 신고 있는 여인의 늘씬한 다리를 부각한 그림 옆에 '나일론은 당신에게 기대 이상의 특별함을 선사할 것입니다.'라는 문구가 쓰여 있다. 아래쪽에는 듀폰 사의 로고가 보인다.

래서 군수 산업에서 평화 산업으로 눈을 돌렸어. 그때가 바로 스타인이 '순수 과학 작업'을 계획하고, 캐러더스와 연구팀이 마음껏 기량을 펼치게 된 때야. 하지만 얼마 지나지 않아 조율이 필요해졌어. 1929년에 미국에 대공황이 일어났거든. 소비가 크게 위축되면서 물건을 사는 사람이 기하급수로 줄어들었고 회사의 수익도 감소했지. 그대로 있다가는 회사의 존폐를 논해야 할 처지가 된 거야. 마침 순수 과학 연구의 발판을 마련했던 스타인은 다른 부서로 옮겨 가게 되었는데, 그를 대신해 새로 부임한 볼턴은 철저하게 상업적인 자세를 지닌 사람이었어. 구조 조정과 임금 삭감 등으로 사원들을 압박하며 수익성 있는 상품 개발을 요구했지. 듀폰에 입사한 뒤 한동안은 돈 걱정 없이 연구에만 매진할 수 있어서 행복해하던 캐러더스에게 볼턴은 '돈 되는 연구'를 하라고 압력을 넣은 거야. 기초 과학을 연구하려는 개인적 바람과 외부적 상황 사이에서 캐러더스는 꽤 갈등했나 봐. 사실 그는 직접 실험을 하기보다는 주로 도서관에서 책을 보며 연구하고 아이디어를 제공하는 역할을 했던 사람이야. 학문으로서의 과학에 심취했고, 자신의 흥미에 따라 이런저런 연구 주제로 옮겨 다니기를 좋아했다는구나. 그때마다 볼턴은 상업화가 가능한 일, 경제성이 보장되는 발명에 집중하기를 요구했지.

1934년 5월 24일, 캐러더스의 연구팀에 소속된 줄리언 힐이라는 연구원이 실험을 마친 농축액을 버리려는데 그게 잘 되지 않았대. 그래서 녹이면 잘 떨어질까 싶어 불로 가열하면서 막대로 저어 보았지. 그랬더니 이상하게도 가느다란 실 같은 것이 막대에 딸려 나온

나일론을 만든 화학자 캐러더스.

거야. 그것에 착안한 캐러더스 팀의 연구로 1935년 2월 28일에는 천연 섬유보다 튼튼하고 탄력이 있는 섬유가 만들어졌어. 석탄의 부산물인 값싼 벤젠을 사용했기 때문에 상업화하기에도 안성맞춤이었지. 듀폰 사는 훗날 이 물질을 상품화하면서 '나일론'이라는 신조어를 상표명으로 쓰기 시작했어.

천재 과학자의 우울한 삶과 죽음

그런데 캐러더스는 자신의 발명품이 그토록 많은 사람들의 사랑을 받고 의류 혁명을 일으켰다고 말해질 정도로 성공한 사실을 알지 못한 채 삶을 마감했어. 캐러더스는 신물질 나일론을 만든 이듬해인

1936년, 기업에 소속된 유기 화학 분야의 과학자로서는 처음으로 미국 과학 아카데미 회원으로 선출되는 등 영예로운 나날을 보내고 있었어. 하지만 그해에 발작을 일으켜 정신 병원에 입원했고 이듬해 초에는 여동생의 죽음으로 큰 충격을 받았대. 그리하여 1937년 41번째 생일을 보낸 이틀 뒤인 4월 28일, 스스로 목숨을 끊었지. 자살의 명확한 이유는 밝혀지지 않았어. '돈 되는 연구'에 대한 중압감 때문에 전부터 앓던 우울증이 심해졌다고도 하고, 자신의 능력에 대한 회의로 고통받았다고도 하지.

학벌이며 재능, 직업, 명예 등등 겉으로는 아무런 부족함이 없어 보였지만, 그는 남들이 모르는 자신만의 문제로 고통받다 한창 일할 나이에 스스로 세상을 등지고 말았어. 안타까운 일이지.

그런데 사실 듀폰 사가 애초에 나일론 섬유를 이용해 내놓은 제품은 칫솔 모와 낚싯줄, 외과 수술용 봉합 실이었어. 나일론이 발명되지 않았다면, 지금까지도 우리는 아침마다 돼지 털로 만든 칫솔을 사용하고 있었을지 몰라. 어쨌든 1940년에 나일론으로 만든 스타킹이 시판되어 폭발적인 인기를 얻으면서 이 합성 섬유의 진가가 발휘되었어. "석탄과 물, 공기가 당신의 몸을 감싼다."라는 마법 같은 광고 문안에 사람들은 매혹되었지. 1940년 5월 15일, 미국 전역에서 판매되기 시작한 나일론 스타킹의 가격은 1달러 15센트에서 1달러 35센트 정도였어. 실크 스타킹보다 두 배나 비쌌지만 첫날 500만 켤레가 동이 날 정도로 불티나게 팔렸지. 시장에 내놓은 첫해에 듀폰은 6,400만 켤레의 스타킹을 팔았어.

나일론은 듀폰 사 역사상 가장 많은 이윤을 남겨 준 효자 상품이야. 인조 고무 듀프렌을 개발하기 위해 2,700만 달러라는 어마어마한 연구비를 투자했지만 나일론 스타킹이 개발된 지 단 두 해 만에 연구 개발에 쓰였던 투자비를 회수할 수 있었대.

나일론은 제2차 세계 대전 때 군수품으로 활약하기도 했어. 낙하산과 군용 텐트, 밧줄 따위를 모두 나일론으로 만들었거든. 나일론이 전쟁을 위해 필요해지자 미국에서 여성들을 위한 나일론 스타킹의 판매는 제한되었어. 전쟁에 나일론이 필요하다는 걸 알게 된 여성들은 자신들의 스타킹을 모아서 군용품으로 쓰라며 기부하기도 했대. 전쟁으로 인해 적국인 일본으로부터 들여오던 비단 옷감과 비단 실의 공급이 완전히 끊긴 상황에서 나일론은 이루 말할 수 없이 소중한 대용품이었음에도 불구하고 말이야.

오늘날에도 나일론은 질기면서도 탄성이 좋아서 스타킹뿐 아니라 옷이나 양탄자 등을 만들 때도 쓰이고 플라스틱 장난감을 만들 때도 쓰여. 가전제품, 자동차에 이르기까지 우리가 미처 인식하지 못하는 여러 분야의 부품들로도 활용되고 있지.

한때 나일론은 부패되는 데 시간이 많이 걸리기 때문에 환경에 해로운 섬유라는 인식이 생기면서 인기가 주춤하기도 했어. 하지만 1998년에 나일론을 분해하는 미생물이 있다는 사실이 발견되어 환경 문제를 풀 가능성이 생긴 데다 오늘날에는 열에 강한 성질 덕에 항공 산업 같은 분야의 첨단 소재로도 쓰이면서 여전히 중요성을 인정받고 있지.

어때, 나일론이 만들어지고 사용되는 과정을 보니 세계사와 인간의 삶이 나일론처럼 질기게 맞물려 있다는 생각이 들지 않니? 장기적 안목으로 섬유 과학에 터를 닦은 듀폰 사의 스타인과 부와 명예를 얻었지만 우울한 삶을 살았던 화학자 캐러더스는 물론이고 그들이 몸담았던 기업과 그 창업자 듀폰, 듀폰의 스승 라부아지에까지 줄줄이 말이야. 게다가 대공황이나 세계 대전 같은 역사적 사건과도 연관되어 있잖아. 대수롭지 않게 여기던 나일론 스타킹 하나에 참 많은 사연이 담겨 있지?

비키니

비키니가 섬 이름?
핵 실험의 진원지!

세면대에서 뭐 하느냐고? 에헴, 보다시피 엄마는 휴가 때 입었던 수영복들을 세탁 중이시다. 세탁기가 있어 편리한 세상이 됐지만 그래도 수영복은 손빨래하는 게 더 좋거든. 어디 수영복뿐이니? 신축성이 좋게 하려고 스판덱스나 탄성 섬유를 섞어 만든 기능성 옷과 속옷은 아무래도 이렇게 조물조물 손빨래하는 게 좋다는 말씀! 그나저나 이렇게 알록달록한 열대 꽃이 프린트된 예쁜 비키니를 보니까 휴양지에서 신 나게 물장구치던 너희들 모습이 떠오르는구나. 바닷가 모래밭을 어슬렁거리다가 수영장 옆에 놓인 긴 의자에 드러누워 구름이 떠가는 모습을 마냥 쳐다보던 여유로운 시간도 생각나고. 그런데 비키니라는 말에도 굉장한 역사적 사건이 담겨 있어. 여유로운 한때와는 거리가 먼 얘기인데, 한번 들어 볼래?

핵폭탄만큼 파격적인 수영복입니다!

'천을 적게 써서 만든 상의와 하의로 나뉜 수영복'이라는 의미로 보통 명사처럼 쓰이는 비키니는 원래 새로운 수영복의 상표명이었어. 물론 로마 시대의 모자이크 벽화에서도 비슷한 옷차림을 한 여인들의 모습이 보이니까 완전히 새로운 것은 아니라고 할 수 있지만, 어쨌든 현대 사회에서 최초의 비키니는 1946년에 만들어졌어. 프랑스의 발명가이자 디자이너인 루이 레아르가 파격적인 스타일의 여성용 수영복을 고안해 냈지. 그는 이 수영복의 이름을 정하지 못해서 고민하던 차에 얼마 전 있었던 미군의 공개 핵 실험을 떠올렸어. 남태평양의 비키니 섬에서 그런 무서운 실험을 하는 바람에 온 세상의 이목이 그 섬에 쏠려 있었거든. 그래서 섬의 이름을 수영복 상표로 삼았던 거야. 그에 앞서서 자크 앵이라는 라이벌 디자이너가 작다는 것을 강조하기 위해 원자라는 뜻의 '아톰(Atom)'이라는 이름을 단 수영복을 내놓기도 했으니, '비키니'가 좀 더 은유적이라고 해

1946년 처음 선보인 비키니 수영복. 비키니는 당시 핵 실험이 이루어지던 태평양의 섬 이름이다.

야 할까? 아무튼 그 이후 비키니는 수영복 이름으로 더 많이 알려지게 되었지.

비키니는 처음 발표됐을 때는 과감한 노출 때문에 로마 교황청에서 부도덕한 옷이라며 비난받았대. 모델들조차 그 옷을 입기 꺼려해서 결국 파리의 한 스트립 댄서가 파리의 몰리토 수영장에 입고 나와 처음으로 비키니를 선보였다고 해. 오늘날에는 여름 해변에서 흔하게 볼 수 있는데 말이야. 세상 참 많이 변했지?

수영복 이름의 유래가 된 비키니 섬은 태평양의 랄리크 열도에 속해 있는데, 산호초가 고리 모양으로 둥그렇게 바다 위로 솟아 나와 만들어진 섬이야. '랄리크'는 현지어로 일몰이라는 뜻이고, '비키니'

는 코코넛이라는 뜻이래. 이름마저도 평화롭지? 비키니 섬처럼 산호초로 이루어진 섬을 '환초'라고 불러. 랄리크 열도에는 비키니, 나무, 에본 등등 크고 작은 섬들이 있는데 하나같이 그림처럼 아름다운 경관을 자랑하지.

그런데 1946년 7월부터 1958년까지, 이 아름다운 곳에서 원자 폭탄 폭발 실험이 23차례나 이루어졌어. 그래서 비키니 섬의 바다 밑에는 그때의 실험에 동원되었던 항공모함과 비행기의 잔해가 가라앉아 있지.

아름다운 섬, 잔인한 실험

비키니 섬이 무인도였느냐고? 아니었어, 처음에는. 167명의 주민이 버젓이 살던 섬이었어. 하지만 섬 주민들은 1946년 3월 6일 고향을 떠나 이웃 산호섬으로 쫓겨 가야 했지. 미군이 비키니 사람들에게 '인류의 이익을 위해' 이주하라는 명령을 내렸기 때문이야.

그 이후 1946년 7월 1일부터 비키니 섬에서 원폭 실험이 시작돼. 이른바 '교차로 작전'(Operation Crossroads)이라고 부르는 계획이었지. 제2차 세계 대전 직후, 미국 해군 작전 사령부의 특수 무기국 장교들은 폭탄을 떨어뜨리는 연습을 하려 했고, 그 과녁이 바로 비키니 환초가 된 거야.

왜 하필 이 아름다운 섬에 떨어뜨릴 생각을 했던 걸까? 산호초로 둘러싸인 넓은 호수가 수심이 깊지 않은 정박지를 제공해 주는 데다

비키니 섬, 1946년 7월 25일. 두 번째 폭탄 투하 실험이 있었다.

주위 섬들을 보급 기지로 삼을 수 있기 때문이었다고 해. 대체로 맑은 비키니 섬의 날씨도 유리한 조건으로 작용했지. 비키니 환초는 도시와 멀리 떨어져 있고 비행기와 선박이 다니는 항로에서도 멀리 떨어진 장소였기 때문에 원폭 실험의 피해를 최소화할 수 있는 지점이라 생각했던가 봐.

비키니 섬에 살던 사람들을 쫓아내고 나서, 폭탄을 떨어뜨리기 사흘 전에 이 섬으로 동물들을 끌고 왔대. 염소며 돼지, 기니피그 등 수백 마리의 동물들이 원폭 표적이 되는 함대의 일부 선박에 실렸다는 거야. 원폭의 희생물이 된 많은 동물들에게도 잠시 명복을 빌어 주자꾸나.

그런데 실험의 대상이 된 것은 동물들만이 아니었어. 교차로 작전에 참여한 군인들은 방사능의 위험에 대해 제대로 알지 못한 채 폭발 직후 방사능 수치가 위험 수준에 다다를 때까지 최대한 폭발 지점에 가깝게 다가가라는 명령을 받은 경우도 있었대. 무려 버섯구름의 궤적을 따라 이동하라고 명령받은 비행기도 있었다지 뭐야.

7월 1일에 첫 실험이, 7월 25일에 두 번째 실험이 이루어졌어. 예정되어 있던 세 번째 실험은 방사능 오염이 염려된 나머지 철회되었지. 그러나 두 차례의 폭발만으로도 비키니 섬은 더 이상 사람이 살 수 없는 땅이 되고 말았어. 비키니 섬은 인간의 폭력성과 잔혹성을 보여 주는 역사적 증거라는 이유로 2010년에 유네스코 세계 문화유

산으로 지정되었어. 인류의 무분별한 핵 경쟁이 어떤 결과를 낳았는지를 보여 주는 슬픈 유산인 셈이지.

비키니 섬에서 이루어진 이 공개 핵 실험에서 가장 무섭게 느껴지는 점은, 이 실험이 시행된 시기가 1945년 일본 히로시마와 나가사키에 떨어뜨린 두 번의 민간인 폭격으로부터 채 일 년도 지나지 않은 때라는 점이야. 그러고 나서 1958년까지 핵 실험이 23차례나 이어졌다니, 어째서 이런 거대한 폭격을 아무렇지도 않게 계속했을까? 그 시작을 알기 위해서 히로시마 원폭 얘기를 해야 할 것 같아.

리틀 보이, 팻 맨

전쟁에서 사용된 두 개의 원자 폭탄. 제2차 세계 대전의 종전과 일본 군부의 항복을 받아내기 위한 목적. 일본의 민간인을 직접 겨냥한 폭격. 히로시마와 나가사키의 비극은 그렇게 시작되었어.

유럽에서는 1945년 4월쯤 전쟁이 끝났지만 그 이후에도 일본은 여전히 항복을 거부하고 있었어. 1945년 7월 26일 미국은 동맹국들과 회동하여 일본의 무조건 항복을 요구하는 포츠담 선언을 발표했는데 역시나 일본은 거부했지. 그래서 미국 군부는 일본 본토를 침략할 계획을 세우기 시작했어. 하지만 적국의 본토로 들어가 전쟁을 치르자니 엄청난 사상자를 낼 것이 뻔했지. 그때 마침 과학자들에게 개발하게 했던 원자 폭탄이 완성되자 이 폭탄의 사용을 고려하기 시작한 거야.

일본에 있는 여러 도시 가운데 히로시마가 목표가 된 이유는 그곳에 일본의 군수 산업체가 많았기 때문이었다고 해. 하지만 그 외에도 그곳이 아직 폭격을 받지 않은 평화로운 도시이기 때문에 핵폭탄의 위력을 더 잘 알 수 있으리라 판단했다고 하니, 전쟁 중의 냉혈한 이성이 소름 끼칠 정도야.

1945년 8월 6일 아침 8시 15분, 히로시마에 폭탄이 떨어졌어. 이 폭탄의 이름은 '리틀 보이'야. 사흘 뒤 나가사키에 떨어진 것은 '팻 맨'이라고 불렸어. '리틀 보이'는 작고 '팻 맨'은 더 컸기 때문이래. 당시 34만 명이던 히로시마의 인구 중 7만 명 이상이 폭탄이 터진 순간 곧바로 숨졌어. 그 후로 계속된 방사능 피해로 수많은 사람들이 죽고 다쳤지. 나가사키 역시 도시의 절반이 황폐해지고 주민 수만 명이 죽었지.

일본 땅에 떨어진 원자 폭탄을 놓고, 전쟁을 일으킨 일본인들이 죗값을 치른 거라고 생각하는 친구들이 혹여 있을까? 그런데 히로시마에서 죽은 대다수의 사람은 전쟁에 가담한 군인이 아니라 민간인이었어. 전쟁을 끝내기 위해서라고 변명하기에는 무고한 생명들이 너무나도 많이 희생되었지. 원자 폭탄은 처음부터 만들어지지 말았어야 할 발명품이라고 생각해. 대체 이렇게 단숨에 많은 사람을 죽이고 수십 년 뒤까지도 방사능 피해를 입히는 폭탄은 어떻게 해서 만들어졌을까?

“내 손에는 피가 묻어 있습니다.”

원자 폭탄의 개발은 미국 정부가 '맨해튼 계획'이라는 것을 비밀리에 추진하면서 시작되었어. 맨 처음에는 1942년 콜롬비아 대학에서 시작했는데, 그 대학이 있는 곳이 맨해튼이어서 '맨해튼 계획'이라는 암호명이 붙었다고 해. 원자핵이 분열할 때 생기는 에너지를 군사 목적에 이용하기 위한 이 죽음의 연구 계획에는 오펜하이머와 페르미 등 당대의 석학들이 많이 참여했지.

1942년 미국 뉴멕시코 주의 로스앨러모스라는 곳에 원자 폭탄을 개발하는 연구소가 세워졌고, 3년의 연구 끝에 이 신무기가 개발된 거야. 이 계획은 아인슈타인이 루스벨트 대통령에게 독일에 대응하기 위해 원자 폭탄 개발을 권고하는 편지를 보내면서 시작됐고, 물리학자 오펜하이머가 책임을 맡았어. 처음에는 독일이 먼저 개발하게 될 경우를 우려해서 시작했지만, 결국 사용한 쪽은 미국이었지. 나중에 원자 폭탄의 해악을 깨달은 두 과학자는 이후 반핵 운동에 참여하게 된단다.

맨해튼 프로젝트의 책임자가 되었을 때 로버트 오펜하이머(J. Robert Oppenheimer)는 38세의 젊은 나이였어. 비밀 군사 임무를 맡게 된 그는 과학계에서 가장 우수한 사람들을 모았어. 그 사람들은 20개월이 넘는 기간 동안 격리된 상태에서 살며 극비리에 연구를 진행했지. 과학자들은 수많은 시행착오 끝에 원자 폭탄 제조에 필수적인 우라늄 235와 플루토늄 239를 추출해 내는 데 성공했어.

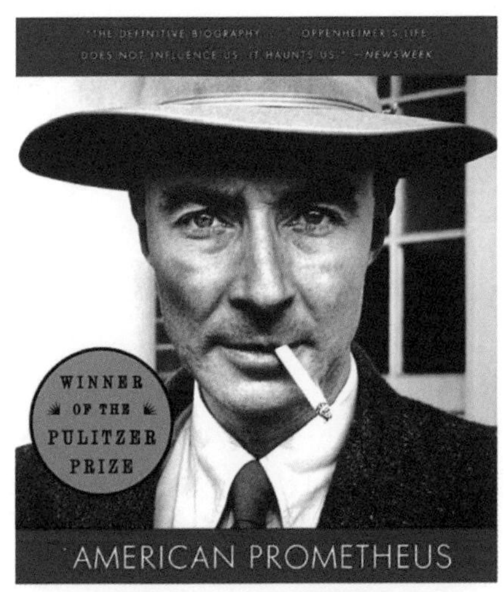

원자 폭탄을 개발한 과학자 오펜하이머. 그는 멋진 외모와 근사한 취향을 갖춘 과학자였으며 스페인 내전에 반대하는 등 사회 문제에도 관심이 많은 사람이었지만, 원자 폭탄이라는 비극적인 무기를 만들어 냈다. 평전 『아메리칸 프로메테우스』에 그의 삶이 잘 나와 있다.

1942년 12월 로스앨러모스에서 일하던 사람들 중 하나였던 이탈리아의 물리학자 엔리코 페르미(Enrico Fermi)가 세계 최초로 연쇄 핵반응을 실현해 냄으로써 원자 폭탄의 폭발을 위한 에너지를 얻게 되었지. 그리고 1945년 7월 16일, 폭발 실험이 성공했어. 오펜하이머는 버섯 모양의 구름이 하늘로 치솟는 것을 지켜보았어. 그때까지만 해도 원자 폭탄을 만드는 데 필사적이던 오펜하이머는 폭탄이 폭발하던 순간 힌두교 경전 『바가바드기타』에 나오는 "나는 죽음이요, 세상의 파괴자다."라는 문구를 떠올렸다고 해.

오펜하이머는 히로시마에 폭탄이 떨어지고 난 이후 원폭 개발에서 중요한 역할을 맡았던 것에 대해 깊은 회의를 느꼈어. 그는 더 큰 유혈 사태를 방지하기 위해 일본의 항복을 받아 내려고 폭탄을 떨어뜨렸다는 미국 정부의 설명을 도저히 받아들일 수 없었지. 히로시마에 폭탄이 떨어진 다음 달인 9월에 그는 로스앨러모스 연구소장 직을 그만뒀어. 루즈벨트에게 편지로 원자 폭탄 개발을 건의했던 아인슈타인도 만약 이런 결과를 미리 알았더라면 대통령에게 보내는 편지에 서명하지 않았을 거라고 말했지. 과학자들은 정부가 지금까지의 폭탄보다도 더 치명적일 게 뻔한 수소 폭탄을 만들기를 원한다면 그 프로젝트에 더 관여하지 않을 것이라고 알렸어. 오펜하이머는 폭탄 투하 결정을 내렸던 트루먼 대통령에게 "내 손에는 피가 묻어 있습니다."라고 말했대. 원자 폭탄 개발에 대한 자신의 죄의식을 분명하게 표현한 거지.

수소 폭탄 개발에 반대한다고? 공산주의자로군!

'매카시즘'이라고 들어 봤니? 매카시즘은 공산주의자를 색출하려는 극단적인 태도를 말하는데, 조지프 매카시(Joseph R. McCarthy)라는 미국 공화당의 상원 의원이 주도했기 때문에 이런 이름이 붙었어. 체제에 반대하는 사람을 무조건 공산주의자로 몰아 처벌하려는 경향은 지금도 '매카시즘'이라고 부르면서 경계하고 있지. 그때 이야기를 들려줄게.

1950년대에는 소련과 미국이라는 두 강대국 사이에 냉전의 기류가 흐르고 있었어. 1949년 중국의 마오쩌둥이 톈안먼 광장에서 중화 인민 공화국의 시작을 알리며 공산화를 선언하자, 미국은 위기감이 커졌지. 소련만으로도 상대하기 버거울 판에 중국까지 공산주의의 노선을 따른다니 겁이 났던 거야. 그 위기감을 틈타 독버섯처럼 퍼져 나간 기이한 열풍이 바로 매카시즘이야.

매카시는 미 국무부 안에 200명이 넘는 공산주의자들이 활동하고 있다면서 자기가 그 명단을 갖고 있다고 말했어. 그 주장을 입증할 증거를 제시하지는 않았지만 공산주의에 대한 공포심을 자극하고 서로를 의심하는 데는 날선 주장만으로도 충분했지. 찰리 채플린 같은 영화인조차 공산주의자라고 의심받았어. 자본주의를 비판한 영화를 만들었다는 게 이유였지. 채플린은 결국 1952년 영국으로 떠난 뒤 이듬해 스위스에 정착했어. 그로부터 20년이나 지난 1972년이 되어서야 그는 미국 땅을 다시 밟을 수 있었지.

선동가 매카시의 거짓말 때문에 현대판 마녀사냥이 시작됐어. 수백 명이 투옥되고 정부나 공공 기관에서 일하던 만 명이 넘는 직원들이 해고되었지. 오펜하이머 역시 매카시즘의 희생양이 되었어.

1950년대 초는 소련이 무기 경쟁에서 미국을 앞지르기 시작하던 때야. 매카시와 다른 보수주의자들은 소련이 이제까지의 핵폭탄보다 더 위협적인 무기인 수소 폭탄으로 공격해 올 수도 있다고 생각했어. 그러니 미국도 수소 폭탄을 개발해야 한다고 본 거야. 그렇지만 오펜하이머를 비롯한 과학자들은 참여를 거부했다고 아까 얘기했지? 오펜하이머는 히로시마를 보고 깨달았거든. 평화를 위한 폭탄이란 불가능하다는 것을 말이야.

매카시 의원은 공산주의자의 명단을 갖고 있다고 허위로 주장하면서 공포심을 자극했다.

그러자 매카시는 아이젠하워 대통령을 설득해 오펜하이머가 위험 인물일 가능성이 있다는 동의를 얻어 냈고, 1954년 그를 청문회에 세웠어. 공산주의자와 교제를 했다는 등 사생활까지 들춰지는 모욕을 당한 끝에 오펜하이머는 국가의 모든 기밀문서를 볼 수 없는 처지가 되었지. 그 이후로도 프린스턴 대학에서 연구를 계속할 수는 있었지만 무기 생산과 관련된 정부 업무에서는 손을 떼야 했어. 이렇게 매카시즘과 관련한 사건들에서는 20세기의 냉전이라는 이념 다툼, 전쟁이라는 극도의 공포, 편 가르기 등을 모두 찾아볼 수 있어.

히로시마 평화 공원에서

오래전에 히로시마를 다녀온 적이 있어. 히로시마 여행의 필수 코스는 단연 히로시마 평화 공원이지. 히로시마(廣島)는 넓은 섬이라는 뜻인데, 그 이름처럼 사방이 탁 트인 곳에 평화 공원이 자리하고 있거든. 바로 옆에 을씨년스럽게 보이는 원폭 피해 돔만 뺀다면, 이렇게 평화로운 곳에 참혹한 파괴가 있었다고는 상상하기 힘들 정도야.

평화 공원 안에는 자료관이 있는데, 원폭 투하 당시에 관한 여러 자료들을 전시해 놓고 있었어. 원폭 피해자들의 참혹한 모습이 담긴 사진들은 처참하고 섬뜩해서 차마 똑바로 보기 힘들 정도였지. 그런데 이 공원 안에는 한국인 원폭 희생자 위령비도 있단다. 당시 히로시마에는 군인, 징용된 학생, 일본으로 건너간 일반 시민 등 10만여 명의 한국인이 살고 있었거든. 비석 뒷면에는 당시의 폭격으로 한국인 2만 명이 사망했다는 내용이 새겨져 있었어. 히로시마에 있는 군수업체에 강제로 징용당한 한국인들이 많아서 더욱 피해가 컸다고 해. 나중에 히로시마에 가게 되면 꼭 히로시마 평화 공원에 들러 보렴. 한국인 희생자 위령비 앞에서 묵념도 하고 말이야.

핵 문제는 지금 이 시각에도 인류의 평화와 안전을 위협하는 주제야. 최근 북한이 핵 실험에 성공했다는 소식은 우리를 아연케 해. 북한은 세계가 더 이상 핵무기 보유 국가를 늘리지 않기로 합의한 핵 확산 금지 조약을 2003년 1월에 탈퇴하고 핵 개발에 매달렸지. 그 결

전쟁 전 히로시마 산업 진흥관이었다가 1944년부터 지방 정부 및 지역 규제 당국 사무실로 쓰였던 원폭 돔. 히로시마 원폭 당시의 모습을 보여 주는 상징적인 건축물로 보존되어 있다.

과로 이제는 히로시마에 투하된 1세대 핵폭탄보다 80배 정도 위력이 센 3세대 핵폭탄을 보유하고 있다고 해. 2013년인 지금도 대한민국과 동아시아의 평화는 요원하기만 한 것 같아서 마음이 무겁구나.

그리고 핵무기를 만드는 일과 원자력 에너지를 만드는 과학 기술은 비슷한 원리에 근거하고 있다는 것도 알아야 해. 일본 후쿠시마에서는 2011년 원자력 발전소가 지진에 의해 고장 나면서 심각한 방사능 유출 사고가 일어났잖아. 우리가 에너지를 더 많이 쓰고 싶다고 하더라도 무서운 방사능에 피폭될 위험을 감수하면서까지 편리를 좇아야 하는 건지 의문이 들기도 해.

앞으로는 무더운 여름에 비키니 수영복을 입고 바캉스를 떠날 때도 아름다운 비키니 섬에서 이루어졌던 끔찍한 핵폭탄 실험이 생각날 테니, 마냥 즐겁지만은 않을 수도 있겠다. 하지만 전쟁과 무기와 폭탄, 그런 것들의 잔인함과 파괴력을 알기에 오히려 지금 우리가 누리는 평화로운 일상이 더 소중하고 애틋하게 느껴지는지도 몰라.

넥타이와 양복

말더듬이 왕 조지 6세,
양복 입은 황태자 히로히토

생각해 보니 지금껏 옷장 속을 들여다보면서 스타킹이나 비키니 같은 여자의 옷가지를 주로 얘기했네. 하지만 패션이나 미용이 여성의 전유물이던 시절은 지난 것 같아. 우리 집 옷장만 해도 아빠 옷이 한가득 들어 있잖아. 회사원답게 대부분 클래식한 남성용 슈트와 갖가지 색과 무늬를 뽐내는 넥타이들이 자리를 차지하고 있어. 와이셔츠와 슈트, 넥타이는 남성들의 정장 패션에서 빼놓을 수 없는 아이템으로 웬만한 회사원들에게는 마치 유니폼처럼 자리 잡게 되었지.

슈트와 타이, 신사의 조건

비즈니스 정장의 필수품인 '슈트(suit)'는 재킷과 바지를 같은 천으로 만든 한 벌의 양복을 말해. 그리고 멋진 슈트에는 넥타이가 빠질 수 없겠지. 목을 묶는 기다란 끈에 불과해 보일 수도 있고, 실제로 뚜렷한 기능이 있는 것은 아니지만 넥타이는 남자의 얼굴 바로 아래에서 멋과 개성을 더해 주는 물건이지. 진시황릉의 병마용 병사들이 목에 두른 천을 그 시초로 보거나 루이 14세 때 크로아티아 군사들이 두르고 온 스카프에서 유래되었다는 설이 있는 것으로 보아 실용적이지는 않아도 그 역사는 제법 된 듯해.

깔끔한 셔츠에 날렵한 슈트를 입고, 거기에 어울리는 넥타이까지 매면 평범한 남자도 갑자기 신사로 변신하는 것 같아. '신사'라고 하면 멋쟁이 영국 신사를 떠올리기 쉬운데, 이런 정장 스타일이 자리 잡는 데는 남다른 패션 감각을 자랑했던 영국의 왕 에드워드 8세(윈저 공)의 영향이 컸다고 하는구나. 그는 넥타이 하나를 매더라도 맵시 있고 멋지게 보여서 그 방법이 크게 유행했지. '윈저 매듭'(Windsor knot)이라는 이름이 있을 정도야. 이 최고의 멋쟁이와 관련된 이야기를 들려줄게.

왕이 된 지 열한 달 만에 왕관을 내려놓다

"나는 사랑하는 여인의 도움과 지지 없이는 왕으로서의 의무를 다할 수 없고 그 무거운 책임을 짊어질 수도 없음을 알았습니다."

영국 왕 에드워드 8세는 1936년 12월 11일, 라디오 방송을 통해 이렇게 말하며 스스로 왕좌에서 내려오겠다고 발표함으로써 세상을 경악시켰어.

그는 어느 미국 여인과 사랑에 빠졌고, 영국 왕실과 정부, 국민들까지 반대하는 그녀와 결혼하기 위해서 어쩔 수 없이 왕관을 버리겠노라고 했지. 왕이 된 지 1년도 채 되지 않아 스스로 왕좌에서 내려오다니, 엄청난 스캔들이었어.

1931년, 그 당시 왕세자 신분이던 에드워드 8세는 한 파티에서 월리스 심프슨을 만났어. 그때 심프슨 부인은 미 해군 대위와 10년 만에 이혼하고 1928년 어니스트 심프슨과 재혼한 상태였어. 하지만 푸른 드레스를 우아하게 차려입은 심프슨 부인은 단숨에 에드워드의 마음을 사로잡았지. 처음에는 우정을 가장해 만나기 시작했지만 점점 사랑이 깊어졌던가 봐.

1936년 1월, 아버지인 조지 5세가 서거하자 에드워드는 왕위를

영국 왕 에드워드 8세는 미국인 이혼녀 심프슨 부인과의 결혼이 극심한 반대에 부딪히자
스스로 왕좌에서 내려와 윈저 공 신분으로 그녀와 결혼했다. 사진은 1940년으로,
심프슨 부인은 특유의 하늘색 리본으로 머리를 장식했고, 윈저 공은 슈트 차림이다.

이어받았어. 하지만 이미 에드워드는 심프슨 부인을 깊이 사랑하고 있었지. 심프슨 부인이 두 번째 남편 어니스트와 1936년 10월에 이혼하자, 에드워드 8세는 심프슨 부인과 결혼하고 싶어 했지만 그의 소망은 영국 의회와 영연방 자치 정부에서 동시에 거절당했어. 왕가에서도, 영국 국교회에서도 확고한 반대에 부딪쳤지. 에드워드는 세 가지 중 하나를 선택해야만 했어. 심프슨 부인과 관계를 끊거나, 심프슨 부인과 결혼하면 사임하겠다는 장관들의 의견에도 불구하고 결혼을 강행하거나, 아니면 아예 권좌를 포기하는 것이었어.

에드워드 8세는 세 번째 방법을 택했어. 자신의 동생이자 다음 영국 왕이 될 조지에게 모든 권한을 넘기면서, 그를 축복해 달라며 신의 은총을 빌었지. 이후 에드워드 8세는 윈저 공이라는 왕족 신분만을 얻은 채 영국을 떠났고, 그 이듬해인 1937년 6월 3일 심프슨 부인과 프랑스에서 결혼했어.

어때, 동화 같은 이야기지? 이로써 에드워드 8세에게는 '사랑을 위해 왕관을 포기한 왕'이라는 꼬리표가 붙어 다녔어. 세기의 로맨스의 주인공이었던 그들에게 '오래오래 행복하게 살았습니다.'라는 동화 속 결말이 기다리고 있었을까?

최근에 발표된 공식 문서들을 살펴보면 그들의 사랑에 의문을 품게 하는 기록들이 많아. 에드워드와 염문을 퍼뜨릴 당시 심프슨 부인은 영국에 있던 독일 대사 요아힘 폰 리벤트로프와 밀회를 가졌다는 이야기도 있고, 심지어는 심프슨 부인이 영국의 기밀을 독일로 빼돌렸다는 혐의를 받은 기록까지 나왔거든. 당시에는 사랑을 위해

제2차 세계 대전이 일어나기 전인 1937년,
베를린에서 히틀러를 만나는 심프슨 부인과 윈저 공.

왕위를 포기한다고 발표함으로써 희대의 로맨스로 사람들의 이목을 끌었지만 실제로는 사뭇 다른 정황들이 있었던 거지.

사실 그 당시에도 미심쩍은 구석들이 많았어. 윈저 공 부부는 주로 프랑스에 머무르면서 독일을 비롯한 여러 유럽 국가를 방문했는데,

1937년 10월 윈저 공 부부가 독일을 방문하자 독일의 나치 당 관료들은 이들을 환대하고 아돌프 히틀러와 만나는 자리도 주선했어.

윈저 공 부부는 아돌프 히틀러의 별장이 있던 베르히테스가덴으로 찾아갔는데, 그때 윈저 공이 오른손을 높이 들면서 "하일(Heil, 독일어로 '만세'라는 뜻) 히틀러!" 하고 나치식 인사를 했다고 해. 나치의 선전 기관들은 이 방문을 빌미 삼아 신 나게 떠들어 댔어. 영국 국민들은 윈저 공의 행동에 경악을 금치 못했지. 윈저 공은 자신이 독일에 간 이유를 실업난 해법을 연구하기 위해서라고 설명했지만, 사람들은 그 말을 믿지 않았어.

그러던 중 제2차 세계 대전이 일어나고 프랑스가 함락되었어. 전쟁 중에 나치 독일은 윈저 공을 다시 왕위에 앉힌 다음 그를 이용해서 기존 영국 정부에 대항하려는 계획마저 세웠다고 해. 그러고 보면 그들의 결혼을 유일하게 지지하던 윈스턴 처칠이 그에게 영국 식민지인 바하마의 총독을 맡으라고 권하며 멀리 쫓아 보낸 것도 이해가 돼. 어쨌든 전쟁이 한창일 때 윈저 공 부부는 바하마에 머무르다가, 전쟁이 끝난 뒤에는 1972년 윈저 공이 사망할 때까지 파리에 정착해 살았어. 윈저 공이 죽자, 심프슨 부인은 검은색 상복 위에 '심프슨 블루'라고 불리던 특유의 하늘빛 숄을 걸치고 장례식장에 나타났어. '심프슨 블루'는 윈저 공을 처음 만났을 때와 결혼식 때 심프슨 부인이 입었던 드레스 색깔로 그들의 로맨스를 상징하는 것이었지. 세월이 흘러 1986년에는 자신의 죽음을 목전에 둔 심프슨 부인이 심프슨 블루 옷으로 갈아입혀 달라는 유언을 남겼다고 해. 마침내 두 사람은 윈저 성 안에 나란히 묻혔지.

온 세상을 뒤흔들었던 스캔들의 주인공 에드워드 8세. 권력보다 사랑을 택한 로맨티시스트로 미화되기도 했지만 사실 영국인들 입장에서는 그리 존경할 만한 왕은 못 되는 것 같아.

말더듬이 왕, 영국 왕실의 용기를 말하다

그럼 에드워드 8세가 왕위에서 물러난 탓에 갑작스럽게 왕이 된 동생 조지 6세는 어떤 왕이었을까? 영화 「킹스 스피치(The King's Speech)」에 그 모습이 나와 있어. 근엄해야 할 영국 왕이 알고 보니 심각한 말더듬이였는데 그 증세를 극복하기 위해 언어 치료사를 찾아가 치료를 받으며 우정을 쌓아 간다는 줄거리인데, 실화를 바탕으로 해서 더욱 화제가 되었지. 이 영화는 조지 6세 개인에게 초점을 맞추고 있지만, 제2차 세계 대전이 일어난 중요한 시점인 만큼 시대 배경을 좀 더 들여다볼 필요가 있어.

조지 6세는 일찌감치 권력에 대한 욕망은 던져 버린 채 낚시나 하면서 가족과 조용히 살아가는 것을 삶의 낙으로 삼고 있던 사람이야. 워낙 수줍음이 많았고, 실제로 말도 심하게 더듬었다고 하지. 그런데 형이 왕위를 포기함에 따라 1936년 12월 12일 왕으로 선포되었고, 조지 6세라는 이름으로 1937년 5월 12일 왕위에 오르게 되었어. 아닌 밤중에 홍두깨 같은 형의 하야는 그를 생각조차 해 본 적 없는 왕의 삶으로 몰아간 거야. 그래서 그는 왕이 된 이후 하루하루

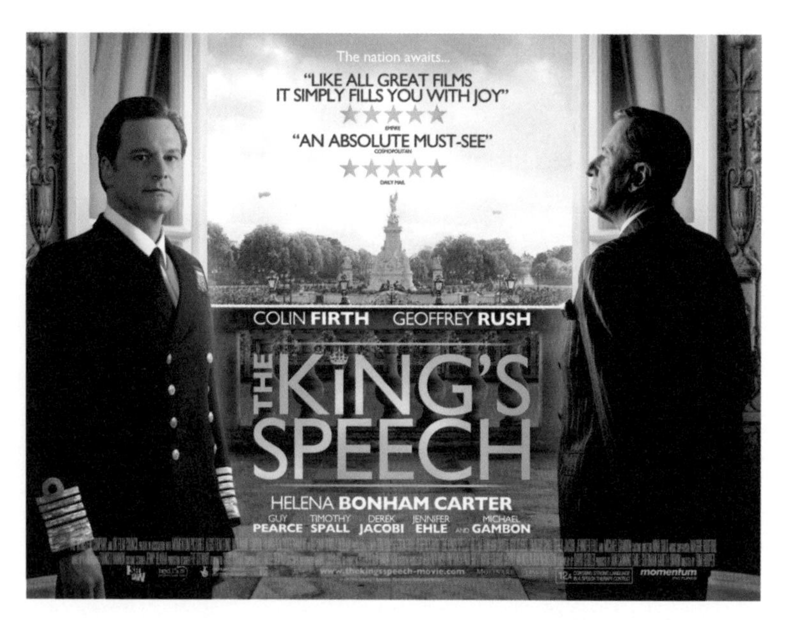

조지 6세의 실화를 바탕으로 한 영화 「킹스 스피치」.

가 긴장의 나날이었다고 해.

게다가 제 2차 세계 대전이 시작되고 나라 전체, 유럽 대륙 전체가 전쟁의 위험과 고난에 맞닥뜨렸지. 나라의 실무는 탁월한 수상이던 윈스턴 처칠이 맡았지만, 영국의 군주 조지 6세에게는 왕실의 위엄을 유지하는 한편 국민들에게 용기를 북돋워야 할 책무가 있었어. 전쟁 중 그가 했던 대국민 연설은 어눌하지만 진정성 있는 호소를 담고 있었고, 폭격이 일어나는 중에도 런던을 떠나지 않고 궁을 지켰던 왕비의 모습 역시 귀감이 되기에 충분했지.

조지 6세의 재위 기간은 영국의 식민 지배를 받던 나라들이 독립하기 시작하고 대영 제국이 영연방으로의 탈바꿈을 가속화하던 시기였어. 게다가 전후는 영국이 복지 국가로 전환하는 데 가장 중요한 시기이기도 했지. 조지 6세는 입헌 군주의 책임과 한계를 신중히 지키고, 심한 말더듬이라는 장애를 극복함으로써 존경받은 왕이야.

현재의 영국 왕실은 이런저런 스캔들에 많이 오르내리고, 여론도 군주제를 유지하는 것 자체에 대해 찬반이 나뉜다지만, 그래도 지금껏 제법 굳건히 자리를 지키고 있는 데는 조지 6세가 보여 준 귀감의 덕도 어느 정도 있다고 생각해.

대통령이나 왕처럼 권력을 쥔 지도자는 항상 자신이 누리는 권력에 걸맞은 도덕과 책무를 갖춰야 하는 법이야. 세기에 남을 멋쟁이 에드워드 8세와 말더듬이 왕 조지 6세. 영국 국민들의 마음은 자신들과 함께 고통스러운 세월을 이겨 낸 조지 6세에게로 더 기우는 듯

조지 6세의 대국민 연설에서 따온 문구를 이용한 포스터. 실제 전쟁 때 사용되지는 못했지만 2000년에 영국의 어느 헌책방에서 발견된 이래 사람들을 위로하는 격려의 메시지와 아름다운 디자인 덕분에 지금까지도 많은 이들에게 사랑받고 있다. "평정심을 유지하며 하던 일을 계속하세요."라는 뜻.

해. 진정한 신사는 겉모습으로만 판단할 수 없기 때문이겠지? 꼭 왕이나 귀족이 아니더라도, 내면에서 우러난 진정성과 사회에 대한 책무가 사람의 품격을 드러내는 법이잖아. 에드워드 8세와 조지 6세의 삶을 보면서, 역사 속에서 어떻게 살아가는 것이 바람직한지 한 번쯤 생각해 보면 좋을 것 같아.

양복을 입은 황태자들

오른쪽 사진을 한번 봐. 양복을 말쑥하게 차려입은 이 두 젊은이는 누구일까? 오른쪽에 있는 사람은 이 장에서 계속 언급했던 에드워드 8세로, 이때는 왕세자 신분이었어. 그럼 왼쪽의 동양인은? 일본의 황태자 히로히토(裕仁)야. 훗날 일본 역사상 가장 오랜 기간 재위한 쇼와 천황이 되었고 제2차 세계 대전 때 무조건 항복을 선언한 뒤 치욕스러운 말년을 보낸 사람이지. 하지만 사진 속의 젊은 히로히토를 좀 보렴. 어깨와 목에 힘이 잔뜩 들어가 있는 것 같지 않아? 당시 일본은 청일 전쟁과 러일 전쟁에서 중국과 러시아를 차례로 쓰러뜨리며 급부상했거든. 그러니 목에 힘줄 만도 했겠지. 그 자부심 속에는 대한 제국을 식민지로 삼은 것까지 포함되어 있겠지만 말이야.

그나저나 지리적으로 한참 떨어져 있는 두 나라의 왕자가 어떻게 나란히 서서 사진을 찍게 되었을까? 사진을 찍은 곳은 런던에 있는 헨리 풀(Henry Poole)이라는 양복점 앞이라고 해. 히로히토는 결혼 전에 쇼핑을 즐기려고 런던에 간 거야. 그해에 히로히토는 그 양복

1921년 영국 방문 당시 영국의 왕세자 에드워드(오른쪽)와 함께 사진을 찍은 일본 황태자 히로히토.

점에서 군복이며 자수를 놓은 양복 조끼, 디너 재킷, 모닝코트 등 많은 옷을 주문했다는데 온갖 종류의 양복도 포함돼 있었대.• 오늘날까지도 도쿄에서 영국식 디자인의 정장은 세련된 것으로 손꼽히는데, 히로히토 황태자는 완벽한 영국 신사처럼 차려입고 싶었던가 봐.

20세기 초의 일본인이 깎은 듯한 영국 정장을 선호하는 게 좀 의외다 싶니? 사실 일본에서 서양식 옷을 좋아하기 시작한 것은 그보다도 훨씬 앞선 시기인 1870년대부터야. 메이지 유신 때 엘리트들이 전에 입던 전통 복장 대신 유럽식 정장을 입기 시작했거든.

• 『시빌라이제이션』, 356~57면.

서양을 배우자, 양복을 입자

당시 일본에는 이와쿠라(岩倉)라는 사절단이 있었어. 이와쿠라 도모미 특명 전권 대사의 이름을 따서 이와쿠라 사절단이라고 불렸는데, 1871년 말부터 1873년 가을까지 이토 히로부미를 포함한 행정가들과 학자들 수십 명이 유학생들을 데리고 서양 여러 나라를 돌아보면서 일본을 근대화된 국가로 만들기 위한 방법을 연구했지. 이와쿠라 사절단은 미국을 거쳐 영국, 프랑스, 이탈리아, 스위스 등등 유럽 곳곳을 여행했고 돌아오는 길에는 이집트, 싱가포르 등도 방문했어.

이와쿠라 사절단은 고국에 돌아온 뒤 높은 자리에 올라 서구화·근대화 운동이라 할 수 있는 메이지 유신에 더욱 박차를 가했어. 서양식 군대, 헌법, 교육 제도를 본떠 일본을 서양처럼 부강하게 만들고자 했던 거지. 이때부터 옷도 서양식 차림으로 바꾸었어.

일본은 메이지 유신을 거치며 서양의 앞선 문물을 적극적으로 받아들인 덕에 동아시아에서는 제일 먼저 산업 국가로 발전할 수 있었어. 그 후 자국의 부강과 평안에 만족하고 머물렀더라면, 거기서 멈추었더라면 얼마나 좋았겠니? 하지만 히로히토를 비롯한 일본인들이 원한 것은 완전한 서구 따라잡기였어. 이 모방에는 깔끔한 멋의 영국식 양복을 입는 것뿐 아니라 다른 나라를 식민 지배한다는 제국주의 행태까지 포함되어 있었어.

하지만 이미 스페인, 포르투갈, 네덜란드 그리고 영국과 프랑스 같은 나라들이 많은 식민지를 차지하고 있었기 때문에 일본이 새로

점령할 만한 땅은 많지 않았지. 그래서 일본은 1941년 미국의 진주만을 공격함으로써 독일, 이탈리아와 더불어 제2차 세계 대전에 뛰어든 거야. 전쟁의 결과는 패배였지. 결국 히로시마와 나가사키에 원자 폭탄이 떨어지면서 전쟁은 종결되었지만 그 아픔은 전 세계 곳곳에서 아직도 사라지지 않고 있어.

앞서 본 사진을 찍고 난 다음일 텐데, 에드워드 왕자는 히로히토를 만났던 일을 회상한 편지에서 그를 '일본 원숭이' 같다며 비하했다는 기록도 남아 있어. 그런 서구인들의 경멸 어린 시선을 알기에 일본은 더 기를 쓰고 그들과 같은 대열에 서고 싶어 했던 것일까?

멋진 옷을 입고 지금의 나보다 근사해지고 싶은 건 우리 안의 당연한 욕망이겠지만, 나 아닌 다른 누군가로 완전히 바뀌고 싶다는 데까지 마음이 미친다면 곤란하지 않겠니? 특히 그로 인해, 다른 이를 지배하겠다는 야망까지 품는 것은 정말 나쁜 심보잖아. 히로히토의 사진 한 장에서 일본의 식민 지배에 대한 야욕이 얼핏 보이는 것 같다고 하면 과장일까?

이제는 양복과 넥타이 같은 서양식 옷차림이 일본뿐 아니라 우리나라 사람들에게도 일상복이 되었어. 하지만 '원숭이'처럼 무턱대고 서양 것을 모방하는 차원에서 벗어나 우리다운 모습을 찾아 나가는 노력도 필요하리라는 생각을 하며 이만 옷장 문을 닫을까 해.

참고한 책

『거의 모든 것의 역사』, 빌 브라이슨 지음, 이덕환 옮김, 까치글방 2003

『과학으로 파헤친 세기의 거짓말』, 이종호 지음, 새로운사람들 2003

『과학은 공식이 아니라 이야기란다!』, 권수진·김성화 지음, 휴먼어린이 2010

『99%의 롤모델』, 권홍우 지음, 인물과사상사 2010

『그들이 세상을 바꾸기 전』, 에드윈 키스터 주니어 지음, 채인택 옮김, 황소자리 2012

『그 순간 역사가 움직였다』, 에드윈 무어 지음, 차미례 옮김, 미래인 2009

『금의 전쟁』, 루안총샤오 지음, 정영선 옮김, 평단 2012

『나를 운디드니에 묻어 주오』, 디 브라운 지음, 최준석 옮김, 한겨레출판 2011

『다시 읽는 미국사』, 손영호 지음, 교보문고 2011

『단숨에 읽는 세계사』, 역사연구모임 엮음, 베이직북스 2006

『동남아문화 산책』, 신윤환 지음, 창비 2008

『런던이 사랑한 천재들』, 조성관 지음, 열대림 2011

『마녀와 성녀』, 이케가미 슌이치 지음, 김성기 옮김, 창해 2005

『마르코 폴로의 길을 걷다』, 마이클 야마시타 지음, 도요새 2004

『만들어진 역사』, 조셉 커민스 지음, 김수진 · 송설희 옮김, 말글빛냄 2008

『만물의 유래사』, 피에르 제르마 지음, 김혜경 옮김, 하늘연못 2004

『문화의 수수께끼』, 마빈 해리스 지음, 박종렬 옮김, 한길사 2000

『물건의 세계사』, 지바현 역사교육자 협의회 세계사부 엮음, 김은주 옮김, 가람기획 2002

『미술관에 간 화학자』, 전창림 지음, 어바웃어북 2013

『베르메르의 모자』, 티머시 브룩 지음, 박인균 옮김, 추수밭 2008

『블랙 패션의 문화사』, 존 하비 지음, 최성숙 옮김, 심산 2008

『비단길에서 만난 세계사』, 정은주·박미란·백금희 지음, 창비 2005

『사다코와 천 마리 종이학』, 엘러노 코어 지음, 최수민 옮김, 아이터 2003

『사진과 그림으로 보는 미국사』, 앨런 와인스타인 외 지음, 이은선 옮김, 시공사 2004
『살아있는 세계사 교과서 1, 2』, 전국 역사교사 모임 지음, 휴머니스트 2005
『상식과 교양으로 읽는 미국의 역사』, 질비아 엥글레르트 지음, 장혜경 옮김, 웅진지식하우스 2006
『서부 전선 이상 없다』, 에리히 마리아 레마르크 지음, 홍성광 옮김, 열린책들 2009
『세계 명화 속 역사 읽기』, 플라비우 페브라로 외 지음, 안혜영 옮김, 마로니에북스 2012
『세계 역사 이야기 3』, 수잔 와이즈 바이어 지음, 최수민 옮김, 꼬마이실 2004
『세계사의 결정적 순간들』, 폴 임 지음, 홍익출판사 2008
『세계의 분쟁 지역』, 구동회·이정록 지음, 푸른길 2005
『세계지리를 보다 2: 유럽, 서남아시아』, 박찬영·엄정훈 지음, 리베르스쿨 2012
『쉽고 재미있는 생생 무기와 전쟁 이야기』, 정명복 지음, 집문당 2012
『시빌라이제이션』, 니얼 퍼거슨 지음, 구세희·김정희 옮김, 21세기북스 2011
『식량의 세계사』, 톰 스탠디지 지음, 박중서 옮김, 웅진지식하우스 2012
『실크로드, 길 위의 역사와 사람들』, 김영종 지음, 사계절 2009
『실크로드학』, 정수일 지음, 창비 2001
『아르마다』, 개럿 매팅리 지음, 지소철·콜린 박 옮김, 너머북스 2012
『아메리칸 프로메테우스』, 카이 버드·마틴 셔윈 지음, 최형섭 옮김, 사이언스북스 2010
『여왕의 시대』, 바이하이진 엮음, 김문주 옮김, 미래의창 2008
『역사를 바꾼 17가지 화학 이야기 1』, 페니 르 쿠터 외 지음, 곽주영 옮김, 사이언스북스 2007
『역사를 이끈 아름다운 여인들』, 김정미 지음, 눈과마음 2005
『유라시아 천년을 가다』, 박한제·김호동·한정숙·최갑수 지음, 사계절 2002
『유럽의 마녀 사냥』, 브라이언 P. 르박 지음, 김동순 옮김, 소나무 2003
『의식주를 통해 본 중국의 역사』, 이재정 지음, 가람기획 2005
『이야기 영국사』, 김현수 지음, 청아출판사 2006
『인도네시아 들여다보기』, 윤문한 지음, 21세기북스 2010
『인도네시아』, 캐시 드레인·바버라 홀 지음, 박영원 옮김, 휘슬러 2005
『작은며느리의 나라』, 양승윤 지음, 삼우반 2012
『재판』, 마리 자겐슈나이더 지음, 이온화 옮김, 해냄 2003
『전쟁 세계사』, 김성남 지음, 뜨인돌 2008
『전쟁이 발명한 과학기술의 역사』, 도현신 지음, 시대의창 2011
『제1차 세계 대전』, 매슈 휴스 외 지음, 나종남 외 옮김, 생각의나무 2008

『중세, 천년의 빛과 그림자』, 페르디난트 자입트 지음, 차용구 옮김, 현실문화 2013
『지도로 보는 세계사』, 미야자키 마사카츠 지음, 노은주 옮김, 이다미디어 2005
『참을 수 없는 존재의 가벼움』, 밀란 쿤데라 지음, 이재룡 옮김, 민음사 2009
『참호에 갇힌 제1차 세계 대전』, 존 엘리스 지음, 정병선 옮김, 마티 2006
『천재들의 과학 노트 2: 화학』, 캐서린 쿨렌 지음, 최미화 옮김, 일출봉 2007
『카운트다운 히로시마』, 스티븐 워커 지음, 권기대 옮김, 황금가지 2005
『캘리번과 마녀』, 실비아 페데리치 지음, 황성원·김민철 옮김, 갈무리 2011
『코르셋에서 펑크까지』, 엘리자베스 루즈 지음, 이재한 옮김, 시지락 2003
『클래식 영국사』, 박지향 지음, 김영사 2012
『한국인의 눈으로 본 태평양 전쟁 1, 2』, 심은식 지음, 가람기획 2006
『한 권에 담은 동남아시아 역사』, 밀턴 오스본 지음, 조흥국 옮김, 오름 2000
『황금의 시대』, 이붕 지음, 이성희 옮김, 프롬북스 2010
『히스토리아』, 주경철 지음, 산처럼 2012

Bianca Jackson & Jonathan Morton edit., *Defining Moments in History*, Cassell Illustrated 2008
David Halberstam, *The Fifties*, Villard Books 1993
Fiona Macdonald & Richard Staton, *The Cold War*, Collins Educational 1996
Harold Evans, *The American Century*, Knopf 1998
Howard J. Langer, *The World War II 100*, Bounty Books 2006
Liz Wyse & Caroline Lucas, *World History with Atlas*, Geddes & Grosset 2006
Mark Willner, *Let's Review: Global History and Geography*, Barron's Educational 2005
Maureen Spurgeon, *Big Book of Famous People through History*, Brown Watson 2006
Russell Freedman, *The Adventures of Marco Polo*, Arthur A. Levine Books 2006

사진 제공

Josef Koudelka/Magnum Photos – 59면
Jametiks/flickr.com – 67면
Imperial War Museum – 95면
Getty Images/멀티비츠 – 128면, 183면, 185면, 191면
Stephen Kennedy/flickr.com – 130면
연합뉴스 – 144면, 174면
Hagley Museum & Library – 150면
Ikusuki/flickr.com – 176면

그림 출처

38면 – 작자 미상 「장건 서역 출사도」, 7세기, 둔황 막고굴 북벽에 그려진 제323호 벽화의 일부.
42면 – 작자 미상 「견왕녀도」, 7~8세기, 신장웨이우얼 자치구 허톈 강 근처 단단오일리크 유적지에서 출토, 영국 박물관 소장, 런던.
72면 – 소포니스바 안귀솔라 「묵주를 든 펠리페 2세」, 1575년, 캔버스에 유채, 88×72cm, 프라도 미술관 소장, 마드리드.
74면 – 테오도르 드 브리 「포토시 은광」, 1590년, 동판 인쇄, 테오도르 드 브리 엮음 『아메리카』(프랑크푸르트: 1590~1634)의 삽화.
79면 – 코르넬리스 클라츠 반 비링엔 「영국 해안가에 닿은 스페인의 무적함대」, 1620~1625년경, 캔버스에 유채, 암스테르담 국립미술관 소장, 네덜란드.
82면 – 작자 미상 「찰스 1세의 처형」, 1649년경, 캔버스에 유채, 163.2×296.8cm, 스코틀랜드 국립초상 미술관 소장, 에딘버러.
120면 – 루이모리스 부테 드 몽벨 「성인들로부터 하느님의 계시를 받는 잔 다르크」, 1911년, 캔버스에 오일과 금, 75.5×168.9cm, 코르코란 미술관 소장, 워싱턴.

창비청소년문고 10
옷장 속의 세계사

초판 1쇄 발행 2013년 6월 28일
초판 28쇄 발행 2024년 9월 23일

지은이 이영숙 | 펴낸이 염종선 | 책임편집 정소영 | 펴낸곳 (주)창비
등록 1986년 8월 5일 제85호 | 주소 10881 경기도 파주시 회동길 184
전화 031-955-3333 | 팩스 031-955-3399(영업) 031-955-3400(편집)
홈페이지 www.changbi.com | 전자우편 ya@changbi.com

ISBN 978-89-364-5210-0 43900